PUP 경영 · 사회도서 35

성공적인 대학생활

윤형렬 · 김홍석 · 김종서 · 김정현
박근수 · 유진숙 · 최임숙 공저

배재대학교
PAI CHAI UNIVERSITY

머리말

대학에 입학하는 것은 인생에 있어 신선한 충격임에 틀림없다. 우선 대학의 새내기가 되면, 지금까지 다 똑같이 입던 교복에서 평상복으로, 두발은 일정 규격에서 자기 스타일대로, 교육은 학교가 지정한 시간표에서 자유로운 수강신청을 통해서 결정되는 등 생활의 변화가 있게 된다. 한마디로 말해서, 새내기 모두는 '구속으로부터 자유로의 전환'을 맞이하게 된다. 심지어 권장할 만한 일은 아니지만 대학생에게는 술과 담배 같은 기호의 탐닉도 일정한 한도에서 인정되는 것을 볼 때, 대학은 그야말로 자유인 것이다.

그런데 자유는 책임을 요구하게 된다. 자유가 아무렇게나 허비해도 되는 방종이 아닌 이상, 우리는 누리는 만큼 자유에 대한 책임도 부담하여야 한다. 어떻게 보면 대학에서의 자유는 책임을 요구하기 위한 전제일 수 있다. 왜냐하면 대학을 졸업하고 사회에 진출하는 것이 자기 인생의 현실적 시작이라면, 이에 대한 책임을 준비하는 절차가 대학에서의 수학(修學)이기 때문이다. 예를 들어, 공학을 전공하고 공학자가 되면 그는 공학의 전문적 활동으로 인생을 살게 되며, 법학을 전공하여 변호사가 되면 변호사라는 직업적 특징이 그 사람의 인생이 되는 것처럼, 그 사람의 인생은 대학에서의 전공을 선택하고 노력함에 따라 결정된다. 이렇듯, 대학에서 인생의 준비를 철저히 할수록 미래의 자기 모습은 아름답게 되고, 이로써 자기 인생에 대한 철저한 책임은 실현될 것이다.

이러한 대학생활의 시작에 새내기들은 다소 혼란스러울 수 있다. 우왕좌왕하다 보면 덧없이 4년의 대학생활을 마치게 될 위험도 있다. 새내기에게 생길 수 있는 이러한 혼란과 위험을 해소하기 위해서 배재대학교에서는 「전공과 진로 I」과 「전공과 진로 II」의 과목을 개설하였다. 이 두 과목은 특정 지식의 전달보다는 학생들 자신의 인생설계를 도와주는 과목이다. 「전공과 진로 I」이 새내기의 장차 4년의 대학생활을 설계하는 데 도움을 주기 위한 과목이라면, 「전공과 진로 II」는 3학년 학우들의 취업을 위한 준비를 돕는 것을 그 교육목적으로 하고 있다. 특히 「전공과 진로 I」은 1학년 1학기의 새내기들에게 미래의 진로에 관한 자신들의 적성을 파악하고 바람직한 대학생활의 방향을 제시하고 적절한 학습계획을 수립할 수 있도록 도와주는 과목이다. 그리고 그 수업내용도 교수와 학생의 인간적 만남이 이루어지도록 구성하고, 이를 통해서 교수는 학생이 대학생활에 힘들어 할 때 그의 부모가 되어 줄 것이고, 학생이 전공공부에 힘들어 할 때 그의 선배가 되어 줄 것이며, 학생이 개인적 고민으로 어려워할 때 친한 친구가 되어 조언을 해 줄 것이다.

이처럼 새내기의 미래에 관하여 그 당사자인 새내기와 교수가 함께 고민하고 함께 장래를 설계하기 위해서, 그 지침서를 「성공적인 대학생활」이라는 제목으로 저술하였다. 이 책의 공저자들 모두는 새내기들이 이 책을 통해서 대학의 생활에서의 '자유와 책임'이라는 두 마리의 토끼를 다 잡기 바란다. 대학에서의 자유를 포기하면 대학의 낭만을 누릴 수 없고, 대학에서의 책임을 무시하면 그의 미래는 밝지 못할 것이다. 따라서 대학생이라면 과거보다 더 많이 대학의 낭만을 즐겨야 하고, 이에 못지 않게 더 철저히 미래의 준비를 해야 한다.

이 책은 크게 두 부분으로 구성되어 있는데, 첫 번째 부분은 적성 파악, 계획 수립, 공부방법과 진로 탐색 등 새내기가 대학에서 성공을 거두기 위한 제반 사항들을 친절하면서도 세심하게 안내하고 있다. 그리고 두 번째 부분에서는 대학생활과 관련하여 객관적인 관점에서 제기되는 의문들에 자기만의 해답을 제시해 봄으로써 위의 내용들을 스스로 검증해 볼 기회를 제공하고 있다. 즉 두 번째 부분은 '활동지'로 구성되어 있어, 새내기들은 활동지를 스스로 작성해 나감으로써 자신을 보다 정확히 파악하고 생활이나 진로목표를 다시 한번 충실히 검토해 보는 기회를 가질 수 있다. 이 책의 활용을 통해서 새내기들은 자신의 현재를 점검하고 미래를 충실히 대비하는 기회를 갖기 바란다.

끝으로, '전공과 진로 연구위원회'의 책임연구위원으로서 이 책의 저술을 위하여 방학을 포기한 채 불철주야 많은 노력을 기울여 주신 연구위원들께 깊은 감사의 말씀을 드린다. 연구위원들이 이 책의 완성도를 높이기 위해서 헌신할 수 있었던 것은 그들의 마음에 '제자 사랑'이라는 소명감이 가득했기 때문일 것이다. 그리고 이 책이 빛을 볼 수 있도록 묵묵히 이 책의 저술과정을 지켜봐 주신 정순훈 총장님을 비롯하여 김일한 기획처장님 그리고 이 책의 출판을 흔쾌히 결정해 준 본교의 출판운영위원회 위원님들께도 깊은 감사를 드린다.

2010년　2월

'전공과 진로 연구위원회' 책임연구위원　윤 형 렬

차 례

제5편 진로 탐색 / 151

제6편 활동지 / 165

제1편 대학 이해하기

제1장 우리 학교 알기

제2장 우리 학과(전공) 알기

제1장 우리 학교 알기

<교수-학습계획안>

주제	우리 학교 알기				
학습목표	우리 학교의 역사, 상징물을 인지하고, 주요 대학 기관의 업무 및 이용방법을 파악하며, 주요 학교 시설 이용방법을 익히고, 학생 복지와 관련되는 주요 사항을 체험을 통해 익힘으로써, 학교에 대한 소속감과 자긍심을 높임.				
학습단계	학습내용	교수-학습 과정		시간(분)	자료 및 유의점
		교수	학생		
도입	학교 역사, 상징물 알기	- 배재학당과 배재대학교 (간단한 역사 소개) - 상징물 소개 - 교훈, 학당가	- 교훈 등 적어보기(활동)	10	활동지 1-1
전개	주요 대학기관의 업무	- 학교 지리 익히기 - 알아두어야 할 행정부처: 교무처, 인재육성처, 대외협력처, 학술정보처 - 주요 학습지원부서: 교수학습지원센터, 중앙도서관, 학생지원센터	- 지도를 보면서 지리 익히기 - 학생생활과 관련한 주요 부서 익히기	10	활동지 1-2
	복지시설 안내 및 체험	- 식당(학생식당, 미또미, 풍금이 있는 자리, 몽블랑) - 대천수련관 - 박물관 / 배재역사박물관 - 보건진료소 - 배재시민법률상담소	- 학생식당 이용 소감 - 주요 복지시설 중 1개 이상 이용 소감	10	활동지 1-2
	장학제도	- 성적장학금과 비성적장학금 - 장학금별 준비사항			활동지 1-2
	도서관 이용법	- 도서관의 층별 배치와 업무 - 자료이용방법 - 온라인도서관 활용방법	- 도서관 투어(도서관 주최) - 도서관 이용 체험(ID만들기, 자료찾기, 대출, 복사, 모둠학습실 이용, 희망도서신청 등) - 다음 주 확인함	15	
	해외유학	- 해외유학 안내 (교환학생, 장단기어학연수)			활동지 1-2
	동아리	- 학생 대의기구 - 주요 동아리 소개			
정리	학교의 이해 필요성 강조	- 학교시설 활용하기의 중요성 - 학교 운영에 대한 주체적 개입의 중요성		5	

* 이 단원은 학생들의 활동보다는 교수의 설명과 홈페이지나 지도를 보며 함께 해 보는 내용이 주류를 이루게 됩니다.

〈학습자료〉

학교 홈페이지나 브로셔 등을 활용하여 우리 대학을 다니면서 기본적으로 알아두어야 할 사항들을 살펴보는 것을 목적으로 한다. 학교의 역사, 주요 대학기관, 도서관 이용법, 복지시설 및 장학제도, 학내 동아리 등이 주요한 대상이다.

학습내용 1. 학교 역사, 상징물 알기 (활동지 1-1)

1. 배재대학교의 역사(학교홈페이지: 연혁, 홍보브로셔)

배재대학교의 간단한 역사를 알아본다. 누구든시 자신의 뿌리를 아는 것은 매우 소중하다. 그것이 개인적인 것이든 국가적인 것이든 자신과 자신이 몸담고 있는 공동체의 역사를 이해함으로써 소속감을 높이고 자신의 역할을 자리매김할 수 있기 때문이다. 배재대학교의 역사를 간단하게 정리해 보면 다음과 같다.

1885. 08. 03 배재학당 창립(설립자 아펜젤러 H. G. Appenzeller)
1886. 06. 08 고종황제의 ‘배재학당’ 교명 하사(개교기념일)
1925. 09. 17 배재학당 교명 폐지(조선총독부)
1955. 04. 26 대전보육학원 개교(설립자 허길래 Clara Howard)
1956. 05. 04 대전보육초급대학 인가(초대 학장 허길래)
1958. 04. 07 재단법인 배재학당 인가
1968. 05. 07 배재학당 당훈「慾爲大者 當爲人役」
1977. 10. 14 학교법인 배재학당과 학교법인 대전보육학원 합병
1980. 12. 29 배재대학(정규 4년제) 설립 인가(10개 학과, 400명)
1985. 06. 08 배재학당 창립 100주년 기념식
1992. 05. 01 배재대학교(종합대학교)로 승격

2. 배재대학교의 상징물(학교홈페이지: 대학상징물)

(1) 상징동물: 호랑이. 친근함, 기백, 용감성을 상징
(2) 상징나무: 은행나무. 배재의 유구한 전통과 미래의 번창을 상징
(3) 상징꽃: 백목련. 숭고한 정신과 순결을 상징

3. 교훈과 학당가

(1) 교훈

크고자 하거든 남을 섬기라(慾爲大者 當爲人役)(학교홈페이지: 교육이념)

(2) 학당가(학교홈페이지)

우리 대학에는 배재학당 설립자인 아펜젤러 선교사가 만든 학당가를 교가로 사용하고 있다. 쉽고 경쾌한 리듬으로 된 학당가는 교내 많은 행사에서 불려지므로, 홈페이지를 통해 익혀두도록 하자.

* 활동지 1-1. 교훈 적어보기, 상징물 적어보기, 학당가 적어보기

학습내용 2. 주요 대학기관 알아 두기 (활동지 1-2)

1. 학교 지리 익히기(캠퍼스지도, 구글맵스)

홈페이지에 나와 있는 캠퍼스 지도를 보면서 학교 지리를 익혀 둔다. 어떤 곳에 어떤 기관들이 있는지를 알아 두면 당장은 아니더라도 여러 가지로 필요한 경우가 많다. 교내 지리는 홈페이지의 지도 이외에도 구글맵스 등을 이용해서 볼 수도 있다.

2. 주요 행정부처 위치 및 업무 알아두기

대학생활의 대부분은 학과를 중심으로 이루어지지만 여러 행정부처를 방문할 필요가 있는 경우가 생기게 마련이다. 학과 교수님이나 조교, 선배를 통해서 도움을 얻을 수도 있지만 대학생활과 밀접한 관련이 있는 주요 행정부처는 알아두어야 한다. 또한 대학에서 이루어지는 수업이나 과외학습, 기타 생활과 관련되는 일에 대해서도 다양한 지원기구가 있으므로 이들 기관의 위치와 업무도 알아두도록 하자.

(1) 주요 행정부처와 업무

- 교무처: 학사, 수업, 시험, 휴학 및 복학, 졸업 등(21세기관 2층)
- 인재육성처: 학생활동, 동아리활동, 각종 수험 준비 지원, 장학제도, 취업, 동아리 등 (백산관 1층)
- 대외협력처: 해외파견, 어학연수 등 국제관계업무 등(21세기관 2층)
- 학술정보처: 컴퓨터, 도서관 관련 업무 등(주시경관)

(2) 주요 지원기구

- 교수학습지원센터: 교수법, 학습방법, 학습자료 등 제공(아펜젤러관 2층)
- 중앙도서관: 도서 열람 및 대출, 열람실, 집단학습실, 박물관 등(주시경관)
- 학생지원센터: 각종 증명서 발급(우남관 1층)
- 취업정보센터: 취업 관련 지원활동(우남관 1층)
- 학생생활상담소: 학생의 생활과 관련한 검사 및 상담(백산관 4층)
- 배재시민법률상담소: 법률분쟁과 관련한 무료상담 제공(아펜젤러관 1층)
- 보건진료소: 임상병리실, 안정실 운영, 치과진료 등(백산관 1층)

(3) 복지시설

- 교내복지시설: 식당, 매점, 복사점, 안경점, 이/미용실, 꽃집, 컴퓨터용품점 등(백산관) (식당 및 매점 등)
- 생활관
- 대천수련관

* 활동지 1-2: 주요 부서 업무 파악하기

학습내용 3. 장학제도 알아 두기

우리 대학은 학업성적이 우수하고 품행이 단정하며 경제적 사정이 어려운 학생에게 각종 장학혜택을 부여함으로써 국가나 사회에 대해 감사하는 마음과 사회에 나가 다시 후배들을 위하여 환원하는 자세를 길러주기 위해 노력하고 있다. 장학금에는 지급기관에 따라 교내장학금과 교외장학금으로 나누어지고, 선발기준에 따라 성적장학금과 기타 장학금으로 나누어진다.

대학, 특히 사립대학의 등록금은 매우 비싸다. 우리 대학 역시 사립대학인 만큼 등록금은 결코 싼 편이 아니다. 따라서 누구나 장학제도의 지원을 받아서 학비부담을 경감할 수 있다면 매우 좋은 일일 것이다. 자신에게 맞는 장학금이 있는지를 찾아보고 졸업하기 전에 단 한번이라도 반드시 장학금을 받아볼 수 있도록 하자. 장학제도에 대한 상세한 설명은 학교홈페이지(장학제도 알아보기)에 나와 있으며 구체적인 문의는 인재육성처에 하도록 하자.

학습내용 4. 도서관 이용법 (활동지 1-3)

대학생활에서 가장 중요한 기관 하나를 꼽으라면 아마 도서관을 들 수 있을 것이다. 도서관은 단순히 시험기간에 시험 준비를 하기 위하여 열람실을 제공하는 곳이 아니라 모든 정보가 집중되어 있고 또한 대학생활과 관련된 많은 교류가 이루어지는 장소라는 점을 명심하자. 도서관 열람실에서 공부를 하지 않더라도 일주일에 한번 이상씩 정기적으로 도서관을 찾아서 다양한 자료를 이용해 보는 습관을 들이는 것은 매우 중요하다. 인터넷이 발달하여 오프라인 도서관의 매력이 과거보다 많이 줄어든 것이 사실이지만, 여전히 디지털로 해결할 수 없는 많은 정보들이 도서관에 쌓여 있음을 잊지 말자. 또한 도서관 역시 디지털정보를 이용할 수 있는 좋은 시설들과 자료들을 갖추고 있다는 사실도 알아 두자. 무엇보다도 도서관 가는 것을 생활의 필수적인 부분으로 만드는 것이 중요하다.

1. 도서관 구조와 이용방법 이해하기

매년 신학기초에는 신입생들을 대상으로 도서관 주최로 도서관 안내 프로그램을 시행하고 있지만, 짧은 시간에 도서관의 모든 내용을 소개하는 데에는 한계가 있으므로 아래에 언급한 사항을 중심으로 직접 체험해 보는 것은 매우 의미있는 일이 될 것이다.

(1) 도서관 구조 알아두기(도서관의 층별 배치와 업무)

우선 주시경관에 위치한 중앙도서관의 구조를 알아두자.
중앙도서관은 전체 5층으로 이루어져 있으며 층별로 담당 업무와 이용가능한 자료가 달리 배치되어 있다. 필요한 자료를 가장 빠른 시간에 이용할 수 있도록 전체적인 구조를 익혀두자. 그리고 한 가지 반드시 알아두어야 할 것은 도서관에는 '사서'라는 전문가가 있다는 사실을 잊지 말자. 도서관이라는 자료의 바다에 빠져 헤매게 될 때에는 언제라도 사서를 찾자. 사서 선생님들의 일은 바로 여러분이 도서관을 가장 쉽고 효율적으로 이용할 수 있도록 도움을 주는 것이니 부끄러워하지도 무서워하지도 말고 언제든지 찾아가서 도움을 요청하라. 사서선생님들은 언제든지 여러분의 요청에 기쁜 마음으로 도움을 줄 것이다.

(2) 이용방법 알아두기(도서관: 이용안내)

도서관은 층별로 서로 다른 자료와 기능을 가진 공간들이 배치되어 있으므로, 각 공간의 이용시간과 이용방법을 잘 알아두어야 한다. 책을 빌리려고 도서관에 갔는데 대출시간이 지났다면, 잡지에 수록된 자료를 복사하려고 했는데 정기간행물실이 문을 닫았다면, 그런

낭패가 없을 것이다. 자료별로 이용가능한 시간, 대출 가능 여부, 복사 가능 시간 등을 잘 알아두었다가 뜻하지 않은 낭패를 당하는 일이 없도록 하자. 또한 대출도서의 반납기간은 얼마나 되는지, 반납이 연체가 되었을 때 어떤 불이익이 있는지도 잘 알아두도록 하자.

2. 전자도서관(온라인도서관) 이용하기(전자도서관홈페이지)

도서관을 직접 찾아가서 자료를 활용할 수도 있지만 우리 대학 도서관은 도서관 홈페이지(전자도서관)를 통하여 여러 가지 유용한 서비스를 제공하고 있으므로 이를 잘 이용한다면 대학에서 이루어지는 교육과 학습 활동에 매우 큰 도움을 받을 수 있다. 현재 전자도서관을 통해서 이용할 수 있는 서비스로는 도서검색은 물론 희망도서구입신청, 대출도서연기신청, 원문자료복사(미소장자료), 각종 디지털콘텐츠 등이다. 특히 각종 저널 등에 수록된 자료와 같은 디지털자료는 학교 내에서뿐만 아니라 집에서도 컴퓨터를 이용하여 열람하거나 다운로드, 출력 등 서비스를 받을 수 있다(무료로!).

특히 학생들이 알아두어야 할 것은 필요한 도서가 있을 경우 구입신청을 온라인으로 할 수 있으며 지나치게 고가이거나 도서관에 보유하기가 부적절한 도서가 아니라면 빠른 시일 안에 구입이 된다는 점이다. 지금 당장 도서관에 책이 없어서 불편하다고만 하지 말고 적극적으로 희망도서구입을 신청하기 바란다.

이런 서비스를 이용하거나 도서를 대출하기 위해서는 도서관에 직접 가서 비밀번호를 등록해 두어야 한다.

* 활동지 1-3: 도서관 이용 체험하기

- 비밀번호 등록 후 전자도서관 홈페이지에 접속하여 개인정보란을 출력해 옵니다.
- 자료를 대출한 후에 전자도서관 홈페이지에 접속하여 대출내역을 출력해 옵니다.
- 대출한 자료의 목차 부분 한 페이지를 복사해 옵니다.
- 도서관의 다양한 자료실 체험 후 가장 인상깊었던 곳에 관한 내용을 적어 봅니다.
- 전자도서관 홈페이지에 접속하여 희망도서 신청 후 신청사항을 출력해 옵니다.
- 전자도서관 홈페이지에 접속하여 대출한 도서의 대출기간 연장을 신청한 후 그 내역을 출력해 옵니다.
- 전자저널을 찾아서 그 서지사항을 출력해 옵니다.
- 집에서 도서관 홈페이지의 여러 서비스를 이용해 보고 소감을 간단히 적어봅니다.
- 온라인 또는 오프라인으로 도서관을 이용할 때 개선해야 할 사항이나 기타 건의할 사항을 적어 봅니다.

제2장 우리 학과(전공) 알기

〈교수-학습계획안〉

주제	우리 학과(전공) 알기				
학습 목표	우리 전공의 목표, 교육과정의 주요내용, 관련 직업군, 타 전공과는 다른 특성, 전공에 특유한 학습방법 등을 익힘으로써 전공 학습에 필요한 기본적 바탕을 함양하고, 전공의 주요 행사와 동아리, 장학제도 등을 파악하여 학과(전공)에 대한 소속감을 가지고 여러 가지 활동에 능동적으로 참여할 수 있도록 함.				
학습 단계	학습내용	교수-학습 과정		시간 (분)	자료 및 유의점
		교수	학생		
도입	학과의 조직 및 전공의 이해	- 학과의 조직(보직교수, 조교, 전공별 교수) - 학과의 교육목표 - 학과 운영의 방법 이해하기	- 교수별 전공 알기 - 학과 좌우명 만들기	10	활동지 2-1
전개	교육과정 이해하기	- 졸업이수학점 파악하기 - 전공필수과목 파악하기 - 취업관련 이수로드맵 이해하기	- 자신의 희망직업에 따른 수강로드맵 작성하기	15	활동지 2-2
	우리 학과의 특징	- 타 전공과의 차별성 - 주요 진로 - 학과 특유의 학습방법 - 학과 특유의 제도 (모의고사/장학제도 등)	- 타전공과 다르다고 생각하는 점 적어보기	10	활동지 2-3
	주요 행사 및 동아리	- 학과 공식행사 - 학생회 행사 - 동아리	- 주요 행사 참여 감상문 제출	10	활동지 2-3
정리	정리와 강조	- 전공 과목의 구조와 학습방법의 이해 - 학과 운영에 대한 주체적 개입의 중요성		5	

* 이 단원에서는 홈페이지 등을 이용한 시청각교육을 활용하여 교수가 내용을 소개하는 것으로 대부분을 소화하고 학생활동은 최소화함.

<학습자료>

이 시간에는 학과 홈페이지 등을 활용하여 교수가 소개하는 것을 주된 내용으로 한다. 학생의 활동은 교수의 강의 내용을 확인하는 정도로 수행한다. 학생의 활동은 항목별 강의가 끝날 때마다 수행하거나 전체 강의가 끝난 후 일괄적으로 수행할 수 있다.

학습내용 1. 학과의 조직 및 전공의 이해 (활동지 2-1)

1. 우리 학과(전공)의 조직

1) 우리 학과 소개

우리 대학에는 총 9개 단과대학이 있다. 그 중 우리 학과는 ○○○ 대학(단과대학)에 소속되어 있다. 우리 대학의 학장은 ○○○ 학과의 *** 교수님이십니다.

2) 학과 교수와 조교의 소개

우리 학과의 학과장은 *** 교수님이 맡고 계십니다. 학과장은 학과의 모든 행정업무과 학생지원업무 등을 총괄하는 분이므로 학생들은 상의할 일이 있을 때 학교 수업이나 행정과 관련하여 교수님과 상의할 일이 있을 때에는 학과장님과 상의하시면 됩니다.

학과장님 외에 우리 학과에는 여러 교수님들이 계십니다. 현재 각 교수님들이 맡고 계시는 업무와 전공, 담당하시는 과목은 다음과 같습니다.

성명	직위	보직	전공	담당과목
AAA	교수	학과장	**학	**개론, **의 이해
BBB	부교수	**연구소장	OO 학	**와 OO, XX I, XX II
…				
…				

또한 우리 학과에는 여러분의 대학생활을 지도하고 또 지원해 주실 *** 조교 선생님이 계십니다. 조교선생님은 일과 중에는 항상 학과사무실에 있으므로 궁금한 점이 있거나 생활에 어려움이 있을 때 언제나 찾아가서 상의하시기 바랍니다.

3) 학생회 소개

2. 우리 학과의 교육목표

우리 학과의 교육목표는 다음과 같습니다(학교홈페이지 중 학과소개 또는 학과홈페이지 참조).

(예)

+ 참되고 유능한 법률전문가의 양성 +

법과대학의 교육목적은 국제화, 다변화, 전문화된 지식정보사회의 각 사회부문에서 법률관련 업무를 중추적으로 담당할 수 있는 참되고 유능한 법률전문가를 양성함에 있다. 이를 위한 구체 지표는 아래와 같다.

1. 정의감과 봉사정신을 함양하는 법학교육
- 하나님 앞에 성실하며 흔들림 없이 올곧음을 추구하는 신실한 정의감과 소외된 이웃에 대한 봉사정신을 함양하는 법학교육을 실시한다.

2. 기초이론과 실용지식을 조화시킨 법학교육
- 관념적인 법이론과 법지식의 전수에 치우치지 아니하고, 기초이론과 실용지식을 조화시킨 법학 교육을 실시한다.

3. 국제화, 다변화, 전문화된 지식정보사회에 부응하는 법학교육
- 국제화, 다변화, 전문화된 지식정보사회의 각 사회부문에서 법률관련업무를 중추적으로 담당할 수 있는 법학교육을 실시한다.

* 활동지 2-1. 학과개요 익히기

학습내용 2. 교육과정 소개 (활동지 2-2)

1. 졸업이수학점

우리 학과의 졸업이수학점은 *** 학점입니다. 여러분은 그 중 전공필수 ** 학점을 포함하여 전공과목으로 ** 학점을 반드시 이수하여야 하며, 나머지 과목은 전공과 교양과목 중에서 자유롭게 선택해서 수강할 수 있습니다.

졸업이수학점	전공필수학점	전공선택학점	기타 학점	비고

4년이 되어도 졸업이수학점을 채울 수 없는 경우를 대비하여 우리 대학에서는 계절학기를 여름과 겨울 방학 동안에 운영하고 있습니다. 고학년, 특히 4학년이 되면 반드시 자

신이 이수한 학점을 점검하여 제때에 졸업하지 못하는 일이 없도록 해야 합니다. 이수학점에 많이 모자라는 사람은 틈나는대로 계절학기 과목을 수강하여 시간과 돈을 낭비하는 일이 없도록 해야 합니다.

2. 교육과정 소개

1) 교육과정표 소개

우리 학과의 교육과정은 다음과 같습니다.(학교홈페이지 중 학과소개 또는 학과홈페이지 참조)

2) 전공과목 소개

전공필수과목은 다음과 같습니다. 전공필수과목은 졸업을 위하여 반드시 이수해야 하는 과목이므로 정해진 학기에 반드시 이수할 수 있도록 해야 합니다. 졸업이수학점을 다 채웠더라도 전공필수과목을 이수하지 못하면 졸업이 되지 않으므로 항상 주의하여야 합니다.

전공필수과목 이외에도 학생들에게 다양한 지식을 제공하고 또 학생들의 학문적 선호에 부합하기 위하여 우리 학과에서는 매우 다양한 전공선택과목을 편성 · 개설하고 있습니다.

이들 과목에 대한 상세한 설명은 학과 홈페이지를 참고하기 바랍니다.

3. 진로 관련 로드맵

우리 학과에서는 학생들의 졸업 후 주요 진로를 예상하여 각각의 진로별로 필요한 과목들을 체계화하여 학생들의 수강과 진로선택에 도움을 제공하고 있습니다. 우리 학과의 로드맵을 소개합니다(학과로드맵).

너무 일찍부터 진로를 확정할 수는 없시반 일성한 기간이 지나면 자신의 진로에 대해 고민해 보아야 하고 자신의 진로가 어느 정도 정해지면 진로선택에 도움이 될 수 있는 과목들을 체계적으로 수강하여야 합니다.

* 활동지 2-2: 교육과정 이해하기

학습내용 3. 학문 특성과 주요 진로 (활동지 2-3)

1. **학의 특징

우리 학과의 전공학문인 **학은 넓은 의미의 사회과학(자연과학, 공학, 인문학 등)에 속합니다. 사회과학이란 *******한 특징을 가지는 학문을 말하는바 우리 전공인 ** 학 역시 이런 특징을 공유하고 있습니다. 그러나 **학은 같은 사회과학에 속하는 다른 학문과는 구분되는 다음과 같은 특성이 있습니다. 이러한 특성을 잘 이해한다면 여러분이 수업을 듣거나 개별적으로 학습할 때 도움이 될 것입니다.

특성	내용	관련 과목	비고
응용성			
실천성			
…			

2. 주요 진로

우리 학과를 졸업할 후에는 다양한 진로를 선택할 수 있습니다. 이러한 진로들에 대해서는 로드맵을 참고할 수 있습니다. 그리고 학과로드맵에 포함되어 있지만 여러분의 선배들이 진출해 있는 다른 많은 진로들이 있으므로 이러한 선배들의 경험 역시 좋은 참고가 될 것입니다. 학과로드맵에는 없지만 여러분의 선배들이 진출해 있는 대표적인 영역들을 열거해 보자면 다음과 같습니다.

3. 우리 학과만의 특징적인 제도

우리 학과에서는 학문의 특성과 학생들의 주요 진로를 고려하여 학생들의 학습을 지원 · 고무하고 진로 선택과 향후 취업에 도움을 주기 위하여 다양한 프로그램을 운영하고 있다. 이러한 제도로는 다양한 진로에 대비한 모의고사의 정기적 실시, 진로와 관련한 각종 특강, 성적이 우수하거나 경제적으로 어려운 학생들을 지원하기 위한 독자적인 장학제도를 운영하고 있다. 이에 대한 상세한 사항은 학과홈페이지에 제시되어 있다.

* 활동지 2-3. 학과 주요 행사 및 동아리 알아 두기

학습내용 4. 학과 행사 및 비교과활동 (활동지 2-3)

1. 학과 공식 행사

- MT: MT(Membership training)는 대한민국의 대학문화로, 새학기 초에 대학신입생을 환영하는 의미에서 다녀오는 짧은 여행을 일컫는다. 모꼬지란 표현도 쓴다. 신입생과 학과 선배들 사이에 얼굴 익히기를 포함한 친목 도모가 주 목적이며, 학과의 주요

행사에 포함되기 때문에, 교수를 포함한 교직원들도 함께 참가한다. MT는 주로 새학기 초인 3월이나 늦어도 4월경에 열리며, 학과 구성원들 사이의 유대감을 높이고 특히 신입생들의 소속감을 북돋우기 위한 다양한 프로그램들이 행해진다.

- **대동제:** 매년 5월 중순이면 학내의 모든 구성원들이 함께 어우러지는 축제, 대동제가 열린다. 대동제는 총학생회 주최로 개최되며, 각 단과대학과 학과들은 물론 각종 동아리들이 다양한 프로그램을 갖고 참여하여 학생들의 참여를 유도한다. 대동제에 대한 적극적 참여를 통하여 학생들은 학교 및 학과에 대한 소속감을 높임은 물론 평소에 접하기 어려운 대학내 다양한 문화에 접할 수 있다. 우리 학과에서도 매년 과학생회를 중심으로 흥미로운 프로그램을 개발하여 적극 참여하고 있다.
- **학술제:** 우리 학과에서는 매년 10월 또는 11월에 학술제(모의재판, 모의국회 등)를 개최한다. 학생들은 평소에 수업을 통해 배운 지식을 배경으로 집단적인 학습과 노력을 통하여 자신들의 기량을 보여주고 이를 통해 학과의 전 구성원들과 함께 호흡하는 학문의 축제를 열고 있다. 학생들은 직접 발표나 토론 등 일정한 역할을 맡거나 행사 준비, 적극적 방청 등을 통하여 참여함으로써 우리 학과만의 특색을 몸소 체험할 기회를 가질 수 있다.

2. 학과 동아리 소개

우리 학과에는 여러 종류의 동아리들이 있어서 관심사가 비슷한 학생들끼리 함께 학습을 하거나 취미활동을 함께 하는 장으로 활용되고 있다. 우리 학과의 동아리는 크게 학습동아리, 스포츠동아리, 취미활동동아리로 나누어지며, 각각의 유형 속에 2~3개의 동아리들이 활동하고 있다. 동아리 활동은 대학의 수업 등을 통해서는 얻을 수 없는 다양한 체험의 기회를 제공하며, 중고등학교와는 달리 자칫 개별화되기 쉬운 대학생활에 공동체 의식을 함양하는 데 많은 도움을 주고 학점 취득과 취업 준비로 팍팍한 대학생활에 신선한 감동을 주기도 한다. 또한 이러한 경험은 졸업 후 사회에 나가서 생활하는 데에도 많은 도움을 준다. 우리 학과의 동아리의 성격과 활동에 대한 상세한 사항은 학과홈페이지에 소개되어 있다.

* 활동지 2-3. 학과 주요 행사 및 동아리 알아 두기

제2편 자기이해를 바탕으로 학습계획세우기

제3장 나의 이해

<교수-학습계획안>

<table>
<tr><td>주제</td><td colspan="6">"나"의 이해 : "나"의 발전 전략 프로젝트
: 나의 이해를 통하여 "나" 발전 전략 계획한다</td></tr>
<tr><td>학습
목표</td><td colspan="6">대학생 시기의 자아 이해를 통해 자신을 발견하고 이해하여 나의 발전 전략을 계획한다.</td></tr>
<tr><td rowspan="2">학습
단계</td><td rowspan="2">학습내용</td><td colspan="2">교수-학습 과정</td><td rowspan="2">시간
(분)</td><td rowspan="2">자료 및
유의점</td></tr>
<tr><td>교수</td><td>학생</td></tr>
<tr><td>도입</td><td>도입설명</td><td>- 학습목표 소개
- 핵심 개념 및 토론문제 소개</td><td>- 학습목표를 이해한다.
- 토론문제를 생각한다.</td><td>10</td><td>교수자료</td></tr>
<tr><td rowspan="3">전개</td><td>자아의
정의</td><td>- 자아의 개념에 대해 설명.</td><td>- 자아의 개념을 이해한다.</td><td>10</td><td></td></tr>
<tr><td>나의 자아
발견</td><td>- 대학생의 자아 이해의 중요성 설명.
- 나에 대한 이해 및 발견의 중요성 인식 유도</td><td>- 대학생활에 있어 자아이해의 중요성을 이해한다.
- 나에 대해 자유롭게 생각한다.</td><td>15</td><td>활동지
3-1</td></tr>
<tr><td>대학생으로
서의 나의
자아</td><td>- 자신의 능력, 적성, 흥미, 가치 등의 요인들을 통한 자아정체성을 통하여 '나'를 스스로 분석하여 확인
- 나를 발견하기 : 능력, 적성, 흥미, 가치
- 나의 개선할 요인 : 나의 발전 전략 계획</td><td>- 나에 대한 발견 과정을 통하여 나를 발전시킬 수 있는 요인이 무엇인지 그리고 장애요인이 무엇인지 분석하여 개선 전략을 세운다.</td><td>15</td><td>활동지
3-2</td></tr>
<tr><td>정리</td><td>나의 발전
전략의
의미</td><td>- 나의 발전 전략과 이를 위한 준비과정에 대한 마무리</td><td>- 나의 발전 전략에 대해 스스로 재확인 하고 이를 마무리 한다.</td><td>5</td><td></td></tr>
</table>

〈학습자료〉

학습내용 1. 자기 이해란 ?

우리 인간은 풍부한 가능성을 지닌 존재로서 끊임없이 자기실현을 위해 애쓰고 있다. 자기의 잠재 가능성을 충분히 실현하기 위해서는 먼저 자기 자신을 이해해야 한다. 즉, 자기 자신이 누구인지, 자기 자신이 하고 싶어 하는 일은 무엇인지, 그리고 자기 자신이 잘 할 수 있는 일은 무엇인지에 대하여 알아야 한다. 그리고 이와 같은 이해를 바탕으로 해서 진로를 결정해야 시행착오나 낭비를 줄일 수 있다.

1. 자아 개념

누구나 자신이 누구인지도 모른 채 타인들의 목소리로 자신의 정체성이 계속해서 규정되고 확고해지기를 원하지 않으며, 하나의 온전한 성인으로 살아가면서 자신의 경험과 욕구와 재능을 통해 내부 세계를 보고, 자아정체감을 명확히 하고 싶어 한다. 정체감은 다른 것과 구별되는 자신만의 독특하고 특별한 것들로 이루어진다. 때문에 자기 자신을 들여다보는 용기를 갖게 될 때 자아정체감은 확립되어지고, 원하는 곳에 대한 방향과 거리를 자유롭게 조절할 수 있는 기회를 얻을 수 있게 된다. 대학생이라 함은 성년기로의 이행 단계에 있는 존재인 동시에 성년으로서의 삶을 온전하게 영위할 수 있도록 준비하는 시기이다. 때문에 대학생활의 시작 시기에 있어서 정규 수업시간을 활용하여 자기 자신을 들여다보는 시간을 가져봄은 시기의 적절성과 큰 의의를 가진다고 보여진다.

성장함에 따라 외부 세계와 관계를 맺으면서 자기가 누구인지를 객관적으로 알고 평가하여 가지게 되는 자신에 대한 이미지가 자아 개념이다. 자아개념과 혼재되어 사용되고 있는 자아정체성에 대해 알아보자.

1) 자아

자아는 부모, 형제나 친구, 선생님 등과의 인간관계를 통해서 형성된다. 자아 개념은 살아가는 동안 성공이나 실패의 경험을 통하여 형성되기 때문에, 성공 여부에 따라 긍정적이거나 부정적으로 형성되어 간다.

긍정적인 자아개념은 자기 자신을 의미 있는 존재로 인식하고 자신감을 갖게 되고 부정적 자아개념은 자기 자신을 보잘것없는 존재로 인식하고 대인관계도 부정적이다. 자기 자신을 다른 사람과 비교해서 우월하거나 열등하다고 느끼지 않고 자기 모습을 있는 그대로 보면서 받아들이는 것은 건강한 사람의 지표이다.

자기에 대한 긍정적 이미지를 자기 속에 심고 현실 생활에 임하는 사람들은 인간관계가 좋을 뿐 아니라, 업무의 효율성도 높다. 따라서 바른 자아개념을 가져야 한다.

국가나 사회나 가정 속에서 자신의 위치를 바르게 알고 긍정하는 것을 자아정체감이라고도 한다. 즉 바른 자아 개념이 자아정체감이다. 정체감을 갖기 위해서는 주체성을 가져야 한다. 자기인생의 주인은 자기라는 주인 의식을 갖는 것이다. 동시에 책임감도 가져야 한다. 그리고 국가나 사회의 과거와 현실을 바로 볼 줄 알아야 한다. 우리는 국가나 사회 속에서 자아를 실현하고 봉사하며 살아가기 때문이다. 그래서 올바른 세계관(국가관, 사회관 ,세계관)과 인생관이 필요한 것이다. 이러한 자아관을 가지고 자신의 적성과 여건에 맞는 직업을 선택하여 자아를 실현하고 사회에 봉사하는 것이다.

자아개념은 개인이 자기 자신에 대해 가지는 관점이나 관념 또는 태도이다. 개인이 성장함에 따라 외부 세계와 관계를 맺으면서 자기에 대해서 갖게 되는 관점인 자아 개념은 개인에 따라 독특한데, 이 특성은 세 가지 주요 요소, 즉 자아 지각, 자아 관념 및 자아 태도로 구성된다.

*** 자아 개념에 대한 견해**

- 제임스(James) - 자아를 개인의 정체감(sense of identity)으로 보았다.
- 로저스(Rogers) - 어린 시절 중요한 사람들과의 주관적인 경험을 통해서 발달하는 것으로, 따스하고 신뢰로운 인간관계를 강조하고, 그 안에서 개인은 자신이 갖고 있는 잠재력을 최대한 발휘하고 자신감과 능력감, 존재감을 느끼면서 자기 자신과 다른 사람들을 신뢰하고 사랑하게 되는 것이다.

*** 자아 개념과 관련된 용어의 의미**

- 자아 지각(self-perception) : 모든 감각적 지각은 개인에 따라 각기 다르게 지각된다. 이러한 개인의 독특한 지각적 경험은 개인의 자아(self)에 대해서 가지는 관념이나 태도의 기초가 된다.
- 자아 관념(self-ideas) : 자아는 일련의 독특한 관념들을 가진다. 이러한 관념들은 자아 개념의 중핵 요인이며, 자기 자신이 어떤 사람인지를 규정하는 체제이다.
- 자아 태도(self-attitudes) : 개인은 환경을 지각하고 외부의 평가를 수용하면서 자기에 대한 내면적 생각을 발달시킨다. 자기에 대한 외부의 태도가 부정적일 때 개인은 그런대로 회피 할 수 있지만, 자아 태도가 부정적인 때에는 심리적인 고통을 겪게 된다. 다른 사람이 자기를 싫다고 할 때에는 그 사람과 관계를 끊으면 그만이지만, 자기 스스로 자기 자신이 싫다고 느껴질 때에는 어떻게 해야 할지 모르는 것이다.

<신동중, 칠곡고등학교 - 진로관련자료실>

2) 자아 정체성

자아정체성은 자신이 누구이며, 무엇을 하는 사람이며, 어떤 사람이 될 것인가에 대한 개인의 신념이다. 자아정체감을 규정짓는 과정은 자신을 이해하는 것에서 시작된다. 이러한 자아정체감은 규정짓기가 쉽지가 어려운데 그 이유 중 하나는 사람은 누구나 환경과 더불어 끊임없이 발달적 변화를 겪고 이러한 변화가 자신이 누구인지에 대한 개념을 변화시키기 때문이다. 이러한 변화는 발달상의 위기를 초래한다. 하지만 이러한 변화를 오히려 실제로 더 성장하기 위한 전환점의 기회일 수 있다. 발달적 위기를 해결하고 더 앞으로 나아가는 것이 바로 자아실현의 과정이다.

학습내용 2. 나의 자아 발견

1. 대학생활의 자아발견의 중요성

대학생활의 시기는 개인에게 있어서 미래 자신의 진로를 결정하기 위하여 탐색하는 시기이자, 준비하는 시기이다. 대학생활에서의 진로탐색과 그에 의한 진로 결정, 준비는 대학 졸업 후 '성공적인 대학생활 인가?'에 대한 채점을 좌우하는 요소이다. 따라서 능동적 진로탐색을 통한 진로 결정은 대학생활의 중요 발달 과업 중 하나이다. 성공적인 대학생활을 위한 성공적인 진로결정에 있어서의 필수 고려 요소는 바로 그 진로를 선택한 당신의 자아정체성이다. 때문에 대학생활 중의 자아정체성의 발견은 성공적인 대학 생활 후의 생활을 위하여 선행되어져야 할 중요 과제이다.

1) 자아 존중감(Self-esteem) = 성공(Success) / 욕구(Desire)

성장은 육체와 함께 정신적 변화를 가져오며, 한 단계의 성장은 다음 단계 성장에 영향을 준다. 개체는 자기를 둘러싸고 있는 환경과 교환 작용하여 내면적 변화와 성숙을 가져오는데, 이때, 일관성 있게 성공을 경험한 개체는 긍정적 자아 개념인 자신감과 자아 존중감을 실패를 계속해 온 개체는 부정적 자아 개념을 형성하게 된다.

2) 긍정적 자아개념을 소유한 학생의 특징

긍정적인 자아 개념을 지닌 학생들은 자신을 능력 있고, 존재 가치가 있으며 믿을 만하다고 생각하고 있다. 그러나 부정적 자아 개념을 지닌 학생은 자신을 무능하거나 무가치하다고 생각하기 쉬우며, 또한 자신을 불신의 눈으로 보고 있다.

〈긍정적 자아개념을 가진 학생의 특징〉

* 긍정적 자아 개념 특징
• 주위 환경에 호기심을 갖고 다양한 접촉을 시도하고 있다. • 친구를 쉽게 사귀나, 때때로 충돌하기도 한다. • 유머가 있고 활동력이 왕성하다. • 질문을 많이 하며 문제 해결을 위한 계획을 세우고 이를 실천에 옮긴다. • 토의에 활발히 참여하고 옳다고 생각한 일에 도전한다. • 다른 학생과 협력하여 일하고 남을 도와주려고 노력한다. • 자신이 행복하다고 생각하며 자신에 차 있고 불필요한 걱정을 하지 않는다.

<신동중, 칠곡고등학교 - 진로관련자료실>

학습내용 3. 대학생으로서의 나의 자아 발견 과정

1. 나 발견 과정

자기 이해는 자신에 대한 탐색 및 발견을 해야지만 이루어 질 수 있다. 이는 자신이 어떠한 사람인가를 재인식해 볼 수 있는 단계이다. 즉, 자아 정체감 형성, 자기 사명 인식의 단계로서, 현재의 자기와 자신이 바라는 자기와의 차이를 깨닫고 스스로 그 해결 방안을 모색해 보는 기회를 갖는다.

1) 나 발견하기

우리는 풍부한 가능성을 가지고 있기 때문에 끊임없이 자기실현을 하려고 한다. 그러므로 우리는 우리의 잠재 가능성을 충분히 실현하기 위해서는 먼저 우리 자신을 이해해야 한다. 즉, 내가 누구인지, 내가 하고 싶은 일은 무엇인지, 그리고 내가 잘 할 수 있는 일은 무엇인지에 대하여 알아야 한다.

나에 대한 이해를 위한 요인은 다음과 같다.

- 인지적 요인: 적성, 학력
- 정의적 요인: 흥미, 성격, 가치관
- 신체적 요인: 신체적 조건
- 환경적 요인: 가정환경, 학교환경, 지역사회 환경

나를 발견하기 위해서는 가장 본질적인 자신의 모습으로 자신만이 가지고 있는 유일한 것인 자아에 대해 생각해보고, 자기이해 요인을 알아보자.

<table>
<tr><td>자아</td><td colspan="3">가장 본질적인 자신의 모습으로 자신만이 갖는 유일하고 독특한 것</td></tr>
<tr><td>자아 탐색</td><td colspan="3">• 자신의 여러 가지 특성을 알아내는 과정
• 자신이 보는 나. 타인이 보는 나. 검사를 통한 탐색</td></tr>
<tr><td rowspan="10">자기 이해 요인</td><td rowspan="7">개인적 요인</td><td>지 능</td><td>환경을 지각하고 응용할 수 있는 능력</td></tr>
<tr><td>적 성</td><td>자신이 어떤 일을 잘 할 수 있는 잠재적인 능력</td></tr>
<tr><td>흥 미</td><td>어떤 일이나 활동에 대해 좋아하고 즐거워하는 느낌</td></tr>
<tr><td>성 격</td><td>자신을 나타내 보이는 심적 구조로 자기를 상징하는 성품</td></tr>
<tr><td>가치관</td><td>사람들을 어떤 방식으로 행동하게 하는 원리나 믿음</td></tr>
<tr><td>학 력</td><td>학문을 닦은 정도나 실력</td></tr>
<tr><td>신체적 조 건</td><td>신체적 쇠약, 근시, 색맹, 색약, 난청, 발음 장애, 폐 질환, 간질, 탈장 등</td></tr>
<tr><td rowspan="3">환경</td><td colspan="2">가정 내에 있는 여러 가지 자극, 조건, 상황 등</td></tr>
<tr><td>가 족 구성원</td><td>가족의 전통과 종교, 본인의 위치</td></tr>
<tr><td>부 모</td><td>교육 정도, 기대감, 직업관, 가치관, 사회 경제적 지위, 양육 태도</td></tr>
</table>

(1) 적성

개인이 가지고 있는 지적 능력 혹은 어떤 구체적 일과 관련하여, 재능, 재주, 소질이라 부르기도 한다. 이는 인간의 잠재된 능력 중에서 특수 분야에 대하여 가지고 있는 능력 및 발현 가능성 등을 의미한다.

적성유형	의 미	관 련 직 업
일반적성능력	• 지시 사항, 사실, 원리를 추리하고 응용하는 능력, 복잡한 자료나 기초를 학습하고 암기하는 일반 학습 능력	• 자연과학, 사회과학 분야의 직업
언어능력	• 정확한 의사 소통을 위한 문자의 뜻을 이해하고 정보나 자기의 생각을 표현하는 능력	• 사회과학연구가, 평론가 논설위원
수리능력	• 정확하고 빠르게 계산하는 능력	• 사무계통의 직업, 경리원, 회계원, 사무
사무지각능력	• 유인물, 괘도, 표 등에서 문자나 기호를 정확하고 신속하게 식별하는 능력	• 전산프로그래머, 경리, 서기, 전화교환, 타자수 등 사무분야
공간지각능력	• 입체적 공간 관계를 이해하는 능력으로 실제 물체를 회전 또는 분해했을 때의 형태를 상상하는 능력	• 제도, 설계, 건축, 미술 가구 등 제도에서부터 재단에 이르기까지 입체구성 능력을 요구하는 직업
형태지각능력	• 물체나 도면을 비교 판별하여 형태나 명암의 근소한 차이를 알아볼 수 있는 능력	• 사진제판, 제도 등의 사무분야, 도안, 디자인 등의 응용 미술분야, 기타 기능직 분야

적성유형	의 미	관 련 직 업
운동조절 능 력	• 눈과 손 또는 손가락을 같이 움직여 빠르고 정확하게 반응하는 능력	• 타자, 속기사, 외과 수술, 치과, 치료 작업, 전자, 전기, 인쇄, 세공 등의 직업, 각종 운동선수
손 가 락 재 능	• 손가락을 사용하여 작은 물체들을 신속하고 정확하게 반응하는 능력	• 인쇄기능직, 정밀기계, 광학기계 등의 조립직, 악기 연주, 공예작업 등에 관련된 예능 분야
손 재 능	• 물체를 옮겨 놓거나 돌리는 손 작업을 하기 위해 손을 기능적이고 숙련되게 움직이는 능력	• 철도, 자동차의 운전직, 밴드나 관현악단의 지휘, 가구제작, 기계금속제품제작, 기타, 신체적 작업의 직업
기 계 추 리 력	• 각종 기계기구 및 물리학적 원리로 이해하고 추리하는 능력	• 토목기계수리 기술자, 기계조립 기술자, 각종 이공학 시설 분야 및 공장기술자
척 도 해석능력	• 척도, 그래프, 챠트, 계기 등을 신속 정확하게 읽는 능력	• 이공학, 화학, 수학, 의학 등의 분야, 실업 및 기술 분야에서 요구되는 직업

(2) 흥미

어떤 종류의 활동 또는 사물에 대한 특별한 관심 및 취미를 가지는 개인의 일반화된 행동 경향을 말하며, 일시적인 경우가 많으며 아동기, 청년기 때는 변할 수 있으나 성장하면서 안정되어 간다.

흥 미	흥 미 분 야	직 업 군
문화적 흥 미	• 시, 문학 등 감정이나 아이디어 창조적 표현을 중심으로한 흥미	• 저술 번역, 편집, 교정, 출판, 문인, 인쇄소, 신문사, 방송국, 영화 관련 분야
물 상 과학적 흥 미	• 자연 과학중 물리, 화학, 지구과학 등에 대한 흥미	• 자연 과학직, 공학직
생 물 과학적 흥 미	• 생물학, 생리학, 의학, 미생물학 기타 생명체와 관련된 흥미	• 생물학자, 의사, 보건 관계, 전문 종사자, 농학자, 심리학자
사 회 과학적 흥 미	• 정치, 선전, 광고, 법률, 외교 등 집단적, 언론적, 설득적인 활동에 흥미	• 사회과학 연구직, 교수, 법관
기계적 흥 미	• 기계, 금속, 조선, 섬유, 교통수단, 전기 등 공학적 원리를 이용하여 실제 상황에 적용시키는 흥미	• 엔지니어, 기술자, 기사, 건축사, 운수회사, 기계 조작 관련직

흥 미	흥 미 분 야	직 업 군
전자적 흥 미	• 전자공학기술 및 기타 전자 분야에 관한 흥미	• 전자 기술자, 전자 공학자, 연구직(전자), 컴퓨터 관련직
상업적 흥 미	• 경제, 경영, 무역관리 등 기업 운영과 경제적 활동	• 경영인, 제조업자, 경제학자
봉사적 흥 미	• 사회 산업, 사회복지, 교육, 종교 등의 활동에 흥미	• 교직, 성직자, 사회사업가, 경찰, 소방대원, 간호사
사무직 흥 미	• 회계, 계산, 경리, 서기적 활동에 흥미	• 은행원, 사무원, 회계사, 법조인, 공무원, 법률가, 서사
옥 외 운동적 흥 미	• 체육 활동 또는 야외 활동에 관한 흥미	• 스포츠 관련 직업, 건축, 운동선수, 심판, 코치
음악적 흥 미	• 성악, 기악, 작곡, 감상, 평론 등 음악 활동에 흥미	• 음악 평론가, 성악가, 작곡가, 지휘자
미술적 흥 미	• 회화, 조각, 긴축, 디자인, 감상, 평론 등 미술적인 활동에 흥미	• 미술 평론가, 소각가. 화가, 공예사, 보석 감정사, 가구 제작자

(3) 가치관

가치의 기준을 어디에 두느냐에 따른 관점을 의미한다. 이는 외재적 가치관(돈, 명예, 권력, 지위 등)과 내재적 가치관(정신적 즐거움, 보람, 만족 등)이 있다.

가치관 유 형	특 징	관련된 직업
이론형	• 사물의 진리를 탐구하고 연구하며 가르치는 일에 보람과 긍지를 느낌	• 교사, 교수, 연구원, 학자, 과학자, 소설가, 평론가, 수학자, 교육가 등 연구 활동에 종사하는 사람
경제형	• 가치 기준을 자본형성, 즉 돈을 벌어 부자가 되어야 한다는 경제적 활동에 큰 비중을 둠	• 소매·도매상인, 유통업 종사자, 중소기업인, 대기업인, 무역인, 사장, 회장 등 경제 활동에 종사하는 사람
심미형	• 미에 대한 가치를 추구하는 것이 다른 어떤 분야보다 가치가 있다고 인정함	• 음악가, 체육인, 무용가, 음악평론가, 화가, 소설가, 스포츠 해설가 등 예술분야 직종
사 회 사업형	• 남을 위해 봉사하고 돕는 사람으로 타인을 사랑하고 사회 진보와 복지를 위해 헌신하는 것을 최고의 가치로 삼음	• 사회 사업가, 서비스업 종사자, 상담 교사, 재활 상담원, 간호사, 사회 봉사자 직종
정치형	• 권력을 잡고 남을 지배해 보며 권리 취득을 최고의 가치로 삼음	• 정당인, 정치가 국회의원, 장관, 행정 관료, 시·도의원 등의 직종
종교형	• 종교적 가치에 의하여 행동하고 성스러운 것을 추구하며 생활의 정신적 의의 및 최고 가치의 신비와 초자연적인 것을 숭배함	• 목사, 권사, 집사, 승려, 종교인, 신부, 수도사 등의 직종

(4) 신체적 조건

직업에 따라서는 신체적인 조건을 요구하기도 함으로 신체적인 조건도 나를 이해하는데 중요하게 작용할 수 있다.

신장의 경우 특수한 직업에서는 상한과 하한을 두기도 한다. 예를 들면, 국내 항공사 스튜디어스는 신장을 162cm 이상이어야 응시가 가능하다.

신체적 장 애	부적당한 직업의 성질	부적당한 직업의 예
신체적 쇠 약	• 강인한 체력을 요하는 직업	• 선박 갑판원, 철물 압연공, 주조공, 단양공, 광부, 토공, 농업 종사자, 운반 인부 등
근 시	• 충분한 시력을 요하는 직업	• 정밀기계공, 교통종업원, 활판문서 식자공, 인쇄공, 인쇄 조각공, 금세공사, 사진기술사 등
색 맹	• 상세히 구별해야 할 직업	• 화가, 장식 도안가, 의사, 교통 종업원, 염색공, 다색판 제판 인쇄공, 자수공, 미술가, 서예가, 약제사 등
난 청	• 재해의 위험이 많은 직업이나 귀를 사용할 일이 많은 직업	• 음악가, 악기 조율사, 시계 수선공, 통신사, 안내계, 전화 교환수, 판매계, 교원, 간호사, 의사 등
발음장애	• 유창한 연설을 요하는 직업	• 교사, 아나운서, 정치가, 세일즈맨, 외교관, 목사, 카운셀러, 성악가 등
취각장애	• 약품, 화장품, 요리 등에 관계가 있는 직업	• 약제사, 요리사, 화장품공, 향료상, 향기에 관계 있는 상품을 취급하는 판매계 등
폐질환	• 먼지가 많이 나는 직업, 산·수증기 들을 고온, 또는 저온 중에 취급하는 직업 및 식물기호품을 제조하는 직업 또는 타인의 신체에 접촉하여 조력을 해주는 직업	• 연마공, 도금공, 부식판공, 향료상, 향기에 관계있는 상품을 취급하는 판매계 등
심장병	• 중량 작업 특히 위험 재해가 많은 직업 및 항시 서서 활동을 요하는 직업	• 단조공, 목수, 주물공, 피혁공, 운반부, 석공, 미장공, 배달부 등
피부병	• 산(酸)과 기타 부식품에 접촉하는 기호품의 제조 또는 타인에 접촉하는 직업	• 화학공, 염색공, 피혁공 등
신체동작 불 민 첩	• 위험장애가 많은 직업(연습의 결과 동작이 점차로 빨라지는 경우는 제외)	• 목수, 미장공, 소방직, 자동차 운전자, 경마기사 등
간 질	• 계단의 승강, 중량의 취급, 금속기계 공업, 산화력 등을 취급하는 직업	• 기계운전공, 연통 소재부, 옥상직, 전선공 등
류마티스 성 체질	• 옥상 작업이나 물에 젖거나 또는 온도의 변화가 많은 직업	• 피혁공, 어부, 포목원, 선원, 세탁부, 염색공, 전차운전자, 도금산 세공, 해초체취부, 잠수부 등

<성공적인 취업전략과 직장생활, 충남대학교 출판부>

* 활동지 1 - 1

※ 내가 바라는 나, 지금의 나, 나의 문제, 나의 흥미에 관하여 간단하게 적어보세요.

〈내가 바라는 나〉

구　　분	내　　용
① 현재의 나의 성격	꼼꼼하며, 외성적이며, 약속을 잘 지킴
② 내가 좋아하는 성격상	상대방을 생각하고 행동하는 배려형
③ 내가 갖고 싶은 직업	선생님
④ 내가 가장 싫어하는 행동	조별활동에 협동하지 않는 행동, 모임 불참 등

〈나의 이해를 위한 기초 심리 검사 종류〉

각종 심리검사 기초자료

1. 자아 탐색
- 자신의 적성, 능력, 흥미, 인성, 가치관, 희망, 포부 등을 발견하는 목적
- 남보다 비교우위가 있는 특성의 발견과 계발

2. 적성검사
- 성공 가능성을 예측할 수 있는 자료로서, 성취능력을 예측하고자 개인의 특수한 잠재능력을 측정함
- 자기에 대한 이해에 도움이 되며, 긍정적인 자아개념을 형성하고, 자신을 개관적으로 이해할 수 있음
- 적성검사 결과는 현재의 특성이지 미래의 적성은 아님.

3. 지능검사
- 선천적, 생득적, 유전적인 점수가 아니고 후천적으로 종합되어진 현재 상태의 정신 능력을 표시한 것임.
- 언어적 능력으로 측정하기 때문에 언어 능력의 영향이 매우 큼
- 지능은 직업과 연관성이 매우 깊다고 알려져 있으나 같은 직종 안에 편차가 큼
  (예, 변호사의 평균 IQ는 127.6이지만 분포 범위가 96～157)

4. 흥미검사
- 진로를 선택할 때에는 흥미는 매우 중요한 의미를 가짐
- 흥미검사는 100점 만점으로 표시되고, 25%이하(약한 흥미), 75% 이상(강한 흥미)

5. 인성검사
- 성품(character) -- 도덕적으로 평가된 개인적 특성
- 기질(temperament) -- 체질적으로 규정된 개인의 감정적 반응
- 개성(individuality) -- 타인과 구별되는 독자적인 신체적, 정서적, 정신적 특성
  한가지 검사만으로 개인의 인성을 판단(속단)하는 것은 위험함

6. 가치관 검사
- 세계관, 인간관, 예술관, 교육관, 종교관, 직업관 등과 관련된 말로 생활의 여러 국면이나 과정에서 사람으로 하여금 여러 방식으로 일관되게 작용하여 행동하게 하는 원리나 신념의 체계적인 형태. 즉, 한 개인의 행동 기준. 개인의 평가적인 개념으로 쉽게 변화하지 않음
- 가치관 형성에 영향을 주는 요인 -- 성장 환경, 종교, 교육 경험, 친구 관계.
- 가치관 측정은 -- ① 어떤 것에 관심이 많은가 ? ② 둘 중에 어떤 것을 선택하는가?
  ③ 찬사와 비난을 어떤 경우에 하는가?
- 가치관 유형
  이론가형--학문연구, 진리탐구, 명예획득을 위한 노력가(교수, 학자, 평론가)
  권력형--권력, 정치 등 지배에 흥미가 강한 유형(정치가, 군인, 행정가)
  경제형--이익, 돈버는데 관심이 강한 유형(상인, 사업가)
  심미형--음악, 미술 등에 관심이 강한 유형(예술가)
  사회사업형-- 사랑, 봉사에 관심이 강한 유형
  종교형--성스러운 것, 신의 뜻 등에 관심이 강한 유형

<신동중, 칠곡고등학교 - 진로관련자료실>

2) 자기존중하기

현재 각자 형성된 자아 정체감을 바탕으로 하여 자기 존중감을 향상시키는 단계이다. 궁극적으로 자아 개념을 형성하는 단계로서 자신의 가치 인식을 하고 목표하는 바를 설계할 수 있으며, 동료 및 주변인에 의해 강화가 될 수 있다.

자기 존중하기를 위한 훈련은 다음과 같은 내용으로 진행될 수 있다.
- 자신이 소중히 여기는 자화상에 대해 이야기해 본다.
- '나는 이런 사람이 되어야겠다'고 생각해 본다.
- 자기 긍정도 검사를 통하여 강화된다.
- '나는 할 수 있다'라는 생각을 가진다.

3) 자아개념 증진 및 수정단계

긍정적인 자아개념을 소유하게 되어 자아개념을 증진하고 혹은 수정할 수 있는 단계로

서, 긍정적 자아개념을 소유한 학생의 행동특징을 참고하여 긍정적인 자아개념을 소유하여 나에 대한 발전 전략을 세워본다.

2. 나의 발전전략 세우기

1) 나의 발전/장애 요인 분석을 통한 개선 요인 분석

나의 발전요인과 발전 장애요인은 무엇인가? 이를 통한 나의 개선요인을 어떤 것이 있는지 생각해 보자

- 자기 개선 노력 적기
- 자기 관리 방안 적기
- 자아 정체감 확립하는 나만의 방법 적기
- 성공으로 가는 길
- 내가 너라면
- 자서전 쓰기

자신의 능력, 적성, 흥미, 가치 등의 요인을 통한 자아정체성을 통함으로써 스스로를 분석하고 확인해 볼 수 있다.

다음의 사항을 고려하여 나의 발전 전략을 세워보자.

1) 진로 결정의 주체는 자기 자신이다.

자신의 특성 +환경적 배경 +직업적 가치관 = 진로 의사결정 능력 배양

2) 자신에 대한 주의 깊은 성찰이 필요하다. '나 자신에 대한 이해'가 우선 !

적성, 능력, 흥미, 인성, 가치관, 희망, 포부 수준 등의 발견이 중요하며, 남보다 독특한 비교우위의 특성을 발견 계발해야 한다.

- 내가 무엇을 좋아하는가 (흥미)
- 내가 무엇을 잘 할 수 있는가 (적성)
- 내가 무엇을 더 가치 있게 여기는가 (가치관)
- 내가 환경에 적응하는 일관된 행동양식을 무엇인가 (성격)

3) 각종 표준화 심리 검사의 활용, 부모, 선생님, 전문가와의 상담과 조언을 참고할 수 있다.

<학습전략과 진로탐색, 대구가톨릭대학교 출판부>

* 활동지 1-2

모든 계획은 실현을 통해서 현실화된다. 진로의 탐색과 탐색과정을 통한 진로의 결정,

그를 이루기 위한 계획 세움도 마찬가지이다. '꿈' 이란 것은 '꾸다'에서 온 것이므로, 계획하고 변함없이 '꾸기'만 한다면 항시 '꿈'일 뿐인 것이다. 꿈이 내가 되길 원한다면 이를 위한 준비과정이 필수적이다. 준비과정 없는 발전전략의 이행은 준비운동 없는 찬물로의 다이빙과 같이 위험하고 불안할 뿐이다. 진정으로 '성공적'이라는 수식어를 원한다면 전략의 세움과 함께 준비과정을 생각해보고 실행하여 보아야 할 것이다.

Today's words

길이 가깝다고 해도 가지 않으면 도달하지 못하며 일이 작다고 해도 행하지 않으면 성취되지 않는다. - 순자 -

제4장 학습 목표

〈교수-학습계획안〉

<table>
<tr><td>주제</td><td colspan="5">올~인, 올~A+, 스터디 플랜
– 성공적인 나의 대학생활을 위한 학습 목표 세우기</td></tr>
<tr><td>학습
목표</td><td colspan="5">'목표설정'의 중요성을 알고 방법과 단계를 익혀 구체적이고 실천적인 새 학기 학습목표를 세운다.</td></tr>
<tr><td rowspan="2">학습
단계</td><td rowspan="2">학습내용</td><td colspan="2">교수–학습 과정</td><td rowspan="2">시간
(분)</td><td rowspan="2">자료 및
유의점</td></tr>
<tr><td>교수</td><td>학생</td></tr>
<tr><td rowspan="2">도입</td><td>동기유발</td><td>- 동기유발자료 읽어주기 : 읽기자료 ("불가능한 일은 없다.")
→ 성공적인 대학생활을 위한 공통 방법 : 무한한 가능성에 바탕을 둔 목표설정
- 학습목표 제시</td><td>- 읽기자료를 듣는다.
- 학습목표를 응시한다.</td><td>5</td><td></td></tr>
<tr><td>목표와
목표설정
의의와
문제제기</td><td>- 목표의 정의와 목표설정의 의의
- 목표설정에 대한 문제제기
: 대학교육 기간 중 목표는?
→ 궁극적 목표와의 연관성은?
→ 구체적인 이번학기의 목표는?</td><td></td><td>10</td><td></td></tr>
<tr><td rowspan="3">전개</td><td>목표설정의
방법 안내</td><td>- 목표설정의 방법을 알아보자
1) 단계별 목표설정
2) 명확하게 설정
3) 현실성 있는 목표 설정
4) 과거 지향적 목표 염두</td><td></td><td>10</td><td>교수자료</td></tr>
<tr><td>목표
세우기와
목표실행</td><td>- 학습 활동지 4-1 : 가치관 확인, 장·중· 기 목표 수립
- 학습 활동지 4-2 : 구체적 새 학기 학습목표 세우기</td><td>- 학습 활동지 4-1 작성하기
- 학습 활동지 4-2 작성하기</td><td>15</td><td>활동지
4-1
활동지
4-2</td></tr>
<tr><td>학습목표
이야기하기</td><td>- 나의 학습목표를 이야기해보자.</td><td>- 함께 이야기 해본다.</td><td>5</td><td>교수자료</td></tr>
<tr><td>정리</td><td>대학생활장
애물</td><td>- 목표달성의 장애물 존재 이야기
: 대학생활 방해가 될 수 있는 장애물
: 피하는 방법 모색의 중요성 강조
: 마지막 강의 "랜디 포시 曰"
→ "장벽은 존재하는 이유가 있다."
"그것은 절실하게 원하지 않는 사람을 골라내기 위한 것이다."</td><td></td><td>5</td><td></td></tr>
</table>

〈학습자료〉

학습내용 1. 동기유발자료

"불가능한 일은 없다."

대부분의 학생들이 교과과정을 끝내는 것만으로 만족하는데 반해, 성공적인 학생들은 커다란 목표를 세워두고 거기에서 즐거움을 찾는다. 그들은 이전에 아무도 시도하지 않았던 일들을 하면서 짜릿한 전율을 느낀다. 그래서 보통의 학생들이 과목에서 A를 받고 만족하는 동안, 성공적인 학생들은 자기 스스로가 계획한 연구의 최종 결과를 도출한다. 또한 보통의 학생은 학교신문의 독자 투고란에 보낼 글을 쓰는 동안 그들은 정기적으로 기사를 쓰고, 보통의 학생은 동아리에 가입하지만, 그들은 아예 전국적인 동아리 연합을 만든다. 누구나 뛰어난 대학생활을 보내고 싶다면, '불가능한 일은 없다'는 태도를 길러야 한다. 이런 태도를 기르는 최선의 방법 중 하나는 '대규모 프로젝트'를 계획하고 실행하는 것이다.

우선, 여러분이 가장 절실하게 바라는 것들, 생각만 해도 가슴이 터질듯 한 것들을 떠올려 보자. 앞으로 5년 후 하고 싶은 일이 있다면, 과연 그것은 무엇이 될까?

예를 들어, D군은 평소 대중매체에 글을 쓰는 것에 관심이 있었기 때문에 5년 후 주요 주간지의 고정 칼럼을 쓰겠다는 프로젝트를 세웠다. 이 프로젝트를 현실화하기 위해서 가장 먼저 무엇을 해야 할까? 일단은 학교신문을 목표로 날카롭고도 흥미 있는 시리즈 기사를 연재한다. 그것을 계기로 지역신문, 2류 주간지에 기고함으로써 꿈을 향해 점점 나아가는 것이다. C군은 영화를 좋아해서 멋진 영화 시나리오를 쓰는 작가를 꿈꾸고 있다. 그렇다면 앞으로 열릴 아마추어 대상의 시나리오공모전을 모두 조사하여 벽에 마감일을 써서 붙여놓은 다음, 기한 내에 시나리오를 써서 모든 공모전에 제출한다. 창업에 관심이 많은 B양은 젊은 사업가의 성공 체험담에 자극을 받아 사업을 시작하기로 결정했다. 치밀하게 사업계획을 세워놓고 홈페이지도 만든다면, 그녀만의 1인 기업을 세우는 것도 꿈만은 아니다.

이렇게 가능성에 대한 감각을 익히면, 자신감이라는 연료를 가득 채울 수 있을 것이다.

<학습전략과 진로탐색, 대구가톨릭대학교 출판부 재인용>

1. 목표의 정의와 목표설정의 의의

- **목표 :** 어떤 목적을 이루려고 지향하는 실제적 대상, 목적으로 삼아 도달해야 할 곳
- **목표설정 :** 행동에 대한 동기 부여, 우선순위 결정지표, 목적의 확고화, 주의력 함양

2. 목표설정에의 문제제기

- 대학교육 기간 중 달성하고자 하는 목표를 무엇인가?

- 그 목표는 인생 전체를 이끌어가는 목표와 어떻게 연관이 되어 있는가?
- 구체적으로 이번 학기에는 어떤 목표를 향해 나아가고 있는가?

학습내용 2. 목표설정 방법

목표는 행동을 하게 하는 원동력이고 지표가 된다. 다시 말해, 목표는 우리가 어떤 것을 하려고 할 때 동기를 부여하고 무엇에 우선순위를 두어야 할지 결정하는 지표가 된다. 또한, 목표 설정은 자기 자신이 어디에 있는지, 원하는 것이 무엇인지를 더 확실하게 해주며, 주의 깊게 현실과 미래를 살펴볼 수 있도록 해준다. 대학생활을 시작하면서, 스스로 학습에 대한 계획을 세워 보았다면 이미 목표의 반은 이루었다고 볼 수 있다. 때문에 목표 설정의 방법과 단계를 익힘으로써 가치 있고 실현 가능성이 있는 새 학기 학습목표를 미리 계획해 보는 것은 '시작의 반'을 이룰 수 있게 해줌으로써 학기 생활 전체의 성패를 좌우 할 수 있게 해준다는 점에 있어서 매우 중요한 시간이 될 것이라 여겨진다.

1. 총괄적인 인생목표로 시작하여 단계별로 목표를 설정한다.

- 가치 지향적 · 총괄적 목표를 세운 후 이를 위한 구체적 · 장기적/단기적 목표를 세운다.

(예: '남에게 베푸는 삶', '돈을 많이 번다'. '명예를 얻는다', '행복한 삶' 등)

→ 이 때 장기적 목표는 취업이나 가정과 같이 시간을 두고 이룰 수 있는 것이며, 단기적 목표는 대학교육과 같이 장기적 목표를 달성하는 과정에서 이뤄야 하는 과정상의 목표라고 할 수 있다. 인생의 어느 시점에 있느냐에 따라 장기 혹은 단기를 정하는 기준이 다를 수 있으나 둘 다 총괄적인 인생 목표를 이루기 위한 단계라는 점에서는 공통적이다.

- 장기적인 목표

* 학교를 졸업한 후에 내가 하고 싶어 하는 것은 무엇인가?
* 5년 후에. 어떤 일을 하기를 원하는가? 10년 혹은 20년 후에는?
* 목표를 실현하기 위해 해야 할 일은 무엇인가?

- 단기적인 목표

* 학문적으로 혹은 과외활동으로, 학교에서 이번 학기에 하고 싶은 일은 무엇인가?
* 각각의 수업을 위해 필요한 공부시간은?

* 매주 읽어야만 하는 독서의 분량은? 그 분량을 읽기 위해 어느 정도의 시간이 필요한가?
→ 이렇게 목표를 위계화하여 설정하면 자칫 구체적인 목표 간에 생길 수 있는 갈등을 전체적인 시각에서 미리 파악할 수 있고, 갈등을 일으킬 수 있는 목표들을 어떻게 조율해야 하는지 미리 생각할 수 있다(예: 학점 올리기 vs 사회성 키우기).

2. 명확하고 구체적으로 설정한다.

- 구체적으로 쉽게 정리된 목표는 추상적이고 모호한 목표보다 쉽게 성취할 수 있다.
목표가 애매하다면 목표달성 여부를 판단하기가 어려우므로 목표는 가능한 한 명확한 용어로 설정하는 것이 좋다. 또한, 목표는 긍정문으로 진술하며, 무의식적으로 진행해나갈 수 있을 정도로 구체적인 일련의 지시사항들로 나타내어야 한다.
(예: '성공적인 삶' '성공적인 대학생활' 식으로 목표를 설정한다면 과연 성공 여부를 어떻게 판단할 수 있을 것인가. "성공"이 자기 자신에게 의미하는 바가 무엇인지 명확하게 다시 표현하도록 한다.)

3. 현실성 있는 목표를 설정한다.

- 목표는 동기를 부여하는 동시에 도달하여 성취감을 느낄 수 있도록 현실적이어야 한다.
도전적인 목표를 세우고 싶더라도, 자신을 위해 현실적 목표를 우선으로 할 것을 명심해야 한다. 따라서 효율적인 목표 설정을 위해서는 자신에 대한 이해가 우선되어야 한다. 목표를 정하고 행하는 주체는 자기 자신이므로 '자기에 대한 지식(self-knowledge)'을 가질 필요가 있다.

4. 과거 지향적 목표를 염두에 둔다.

- 과정지향적인 사람이 결과 지향적인 사람보다 더 지속적으로 발전한 가능성이 높다.
'왜 목표를 달성하고자 하는가?'하는 점에 있어서 '영어학점 A'라는 동일한 목표를 설정하더라도 학점 그 자체가 목표가 되는 경우(결과지향적)와 그 학점을 받기까지 영어능력을 발전시켜가는 것(과정지향적)을 목표로 삼는 경우가 있다. 결과지향적인 사람은 높은 학점을 원하거나 경쟁에서 이기기 위한 목적을 가지고 학습에 임함으로써 실패를 능력의 부족으로 해석하나 과거 지향적인 사람은 공부하고 배우는 것 자체에 목적을 두면서 자신을 발전시켜가고자 함으로써 실패는 배워가는 과정으로 보는 시각을 가지고 있다.
<학습전략과 진로탐색, 대구가톨릭대학교 출판부 재인용>

학습내용 3. 목표 세우기와 목표 실행

1. 목표 세우기

1) 생애 목표 세우기

- 전반적 목표의 검토와 자신의 가치관 확인으로부터 시작한다.

(1) 나의 가치관 확인 - 나는 누구인가? 내가 원하는 삶은 어떠한 삶인가?
(자신의 가치관 이해는 자신에게 의미있는 것 가치있는 것을 알 수 있도록 한다.)

(2) 기존 생애목표의 달성도와 방해요인 파악, 평가하기

(3) 전반적 생애 목표 검토와 중단기 삶의 목표를 설정 (예 : 대학 생활동안의 목표)

(4) 단기 목표 설정 (예: 학기 내 목표)

* 활동지 4-1

※ 자신의 목표에 대해 자유롭게 적어봅시다.

1. 내가 원하는 삶은 어떤 삶인가요? (가치관 확인)
봉사하는 삶, 가르치는 삶, 좋은 엄마의 삶 등

2. 전반적 삶의 목표를 검토하여 봅시다.

* 나의 삶의 있어서 최고의 목표는 **고아 어린이를 위한 복지기관을 설립하는 것**이다.
* 지금부터 10년 동안에 나는 **봉사단체의 임원**을 하고(이루고) 싶다.
* 대학을 졸업할 때까지 나는 **평점 4.15이상을 유지하여 조기졸업**을 하고(이루고) 싶다.
* 이번 학년에 나는 컴퓨터 **자격증 취득**을 하고(이루고) 싶다.
* 이번 학기에 나는 **올 A+**을 하고(이루고) 싶다.

3. 중/단기 목표 설정 : 대학교육 기간 중 목표 수립

* 배재대학교의 학과생활 기간 동안 이루고자 하는 목표는 무엇인가?
봉사활동으로 인한 봉사상 및 봉사활동 이력 쌓기, 대학생 봉사단원으로 이름 알리기

* 위 목표를 성취한 후의 나의 삶은 어떤 변화를 가져오게 되는가?
* 위 목표를 성취하기 위해 나는 어떠한 일들을 해야만 하는가?
* 자신 외에 위의 목표 성취에 관심을 많이 갖고 있는 사람은 누구인가?
* 누구를 위해서라도 이러한 목표를 성취하여야 하겠는가?
* 이러한 목표가 성취되었는지 성취 여부를 판단할 수 있는 기준은 무엇인가?

2) 학기 내 목표 설정하기

(1) 목표 세분화 하기

- 목표 실행과 성취를 위한 구체적 목표 설정을 위한 목표 세분화가 필요하다.
- 학기 내 수강 과목 별 수업 계획서를 참고하여 공부방법, 공부진도, 과제 계획을 세울 수 있다.

(2) 주기적 목표 재점검하기

- 목표의 실행과정에 있어서 목표 재점검은 목표의 수행이나 수준의 조절을 용이하게 한다.
- 목표의 수정은 적당히 도전적이고 성취하기 조금 어려운 노력가능한 것이어야 한다.
- 목표의 수정을 상향으로 조절하수도 있다. (예: 학점의 경우 B+ → A+)

(3) 자신에게 보상하기

- 과제 혹은 쪽지시험, 또는 중간고사에 대한 결과는 없을 수도 있다. 가채점이나 목표 실행 후 달성도를 예상하여 스스로 동기부여를 위한 보상을 준비한다.

(4) 최종 결과를 염두에 두고 목표 달성을 위한 실행 계속하기

- 중간 결과에 대한 보상이 결국 최종 결과를 망각하게 해서는 안 된다. 중간고사에 대한 시험 점수가 나왔다고 가정하여 보자. 좋은 결과에 대한 보상으로 당신은 잠시 자신을 보다 자유롭게 한다. 기말고사의 경우 결과가 좋은 중간고사의 결과와 협상을 하려 한다. 조금 헤이해진 당신의 목표는 결국 당신의 최종 결과에 악영향을 미칠 수 있다.

* 활동지 4-2

※ 이번학기 수강하는 과목중 하나를 선택하여 한학기 학습목표를 세워봅시다.

주차	수업내용 및 과제	나의 학습목표	실천 점수
1	수업계획 안내	- 책을 보며 한 학기 수업내용 연관성을 마인드맵 형식으로 나타낸다. 강의 노트를 만든다.	
2			
3			
4		- 팀 프로젝트를 위한 문헌과 잡지를 고찰한다.	
5	팀 프로젝트 1 - 패션경향 분석하기		

2. 목표 실행

1) 목표 실행의 중요성

목표란 종착지이자, 자신이 희망하던 상황, 자신의 가치를 끌어내기 까지 한다. 그러나 목표 실행은 자신의 능력에 대한 믿음, 시회에 대한 신중한 평가, 그리고 이 두 가지의 실현 가능성에 대한 평가에서 나온다. 주변에서 종종 목표와 그 목표에 대한 실천에 대해 많은 이야기를 듣곤 한다. 그러나 목표를 정한 후 그 다음 목표를 실행하기 전에 여러 가지 상황을 고려하는 시간을 따로 갖는 사람은 드물고, 이는 결국 자신의 목표를 거의 실행하지 않도록 이끈다. 목표의 성격 역시 마찬가지이다. 타의에 의해 수동적으로 세워진 목표는 그 실천을 거의 하지 않는 경우가 많으나 자기스스로 설정한 목표는 몰입도를 높여주고 실행하는 데에 있어서의 동기를 촉진 시켜 준다.

2) 목표 실행 촉진

(1) 성취동기

성취동기는 가치 있는 목표를 달성하고 훌륭한 행위기준에 도달하려고 하는 개인의 동기 및 욕구를 말한다. 즉, 일 자체에 즐거움과 의미를 부여하는 동기를 가지고 이를 성취하려는 경우 성취동기라 하는 것이다. 성공한 사람들의 공통적인 심리학적 특성들 중 하나는 높은 성취동기다. 높은 성취동기를 가진 사람들의 기본적 특성은 다음과 같이 정의 할 수 있다.

- 문제에 대한 답을 발견하기 위해 개인적 책임감을 갖는 상황을 좋아한다.

- 어려운 목표를 설정하며 위험을 염두에 두고 주의를 기울이는 경향이 있다.
- 실패를 피하려하기 보다 긍정적인 성취에서 만족감을 얻으려는 경향이 있다.

(2) 자기통제감

어떤 사람들은 자신이 받은 보상, 성공, 실패의 원인을 주로 자신의 행동과 노력으로 돌린다. 그들은 자신의 운명과 부를 통제할 수 있다 느끼며, 자신의 성취가 노력과 선택에 의해 결정될 것이라고 믿는다. 사람들은 어떤 사건의 결과는 자신의 통제 밖의 힘에 의해서 결정된다고 인식하는 동시에 어떤 사건의 결과는 전적으로 자신의 행동에 좌우된다고 생각한다. 삶에서 중요한 사건의 귀인을 내적으로 돌리거나 외적으로 돌리는 경향성은 실제로 목표를 실행하고 행동을 취하는 데 적지 않은 영향을 미친다. 자신의 삶 속에서 중요한 사건과 보상이 외부의 힘에 의해 통제되는 것으로 강력하게 믿는다면 자신이 어쩔 수 없는 운명에 처한 것처럼 수동적으로 행동할 것이다. 반대로 결과를 어느 정도 통제할 수 있다고 믿는 영역에서는 성실하게 일할 것이다.

(3) 노력에 대한 낙관성

만일 세상의 모든 일에 대해 완전히 내적으로 귀인한다면 일이 제대로 진행되지 않을 때 죄책감에 압도당하기 쉽다. 그래서 많은 사람들은 일의 원인을 대개 외부로 돌리려고 한다. 노력에 대한 낙관성이란 한 개인이 올바른 방향으로 열심히 노력하는 것이다. 즉 자신의 삶을 긍정적으로 통제할 수 있다는 신념이다. 많은 사람들은 일상생활에서 자신의 노력에 대한 낙관성을 확신하지 않거나, 부적절한 대처 기술을 사용하거나, 자신의 대처 능력을 뛰어넘는다고 생각하기 때문에 해결할 수 있는 문제도 풀 수 없다고 여긴다. 그들은 실행에 옮기거나 계획을 세우거나 시회를 잡는 데 실패할 수 있다. 노력에 대한 낙관성은 계획을 세우고 실행을 하는 데서 중요한 부분이다.

<진로탐색과 생애설계 꿈을 찾아가는 포트폴리오, 학지사>

학습내용 3. 대학생활의 방해가 될 수 있는 장애물

1. 실수할 것에 대해 예상하지 않은 것

- 실수 없이 목표를 쉽게 달성하리라는 기대가 무너지면 포기하거나 좌절할 수도 있다. 실수는 배움의 기회로 여기고 오히려 실수를 통해 개선 방법을 파악하고 도움이 되도록 해야 한다.

2. 머리가 나빠서 실수를 했다고 생각하는 것

- 사람의 능력은 발달하는 것이기 때문에 원하는 학업목표에 도달하기 위해서는 효과적인 학습전략이나 기술이 중요함을 인식하는 것이 필요하다.

3. 고정된 사고패턴을 가지는 것

- 개인의 특성이나 성향을 고정 시키는 사고패턴은 목표를 달성하는데 방해가 된다. 이런 경향은 학업 외의 영역에서도 마찬가지 인데 이러한 잘못된 생각들이 변화와 발전에 장애가 된다. (예: 어학은 체질에 맞지 않는다. 나는 창의력 부족이다. 원래 먹는 욕심이 많다.)

4. 목표 달성에 방해가 될 상황을 허락하는 것

- 주어진 상황이나 환경을 어떻게 조절할 것인가는 자신이 선택할 사항이다. 학업목표에 도달하기 위해서는 학업에 집중할 수 있는 물리적 심리적 환경을 스스로 만들어야 한다.
  (예: 집중력에 방해가 될 줄 알면서도 학생들의 왕래가 많고 산만한 장소에서 공부하는 것은 물리적 환경을 지혜롭지 못하게 선택한 것)

<학습전략과 진로탐색, 대구가톨릭대학교 출판부>

> 🕮 Today's words
> "장벽은 존재하는 이유가 있다. 그것은 절실하게 원하지 않는 사람을 골라내기 위한 것이다."
> - 랜디 포시 -

제5장 시간 관리

<교수-학습계획안>

<table>
<tr><td>주제</td><td colspan="6">Healthy "I", Happy "I" 프로젝트
- 부라보 마의 라이프 ! - 생각대로! 내 뜻대로 ! 나의 인생 : 생애설계와 시간관리</td></tr>
<tr><td>학습
목표</td><td colspan="6">생애곡선을 통해 전 생애적 관점에서 인생을 설계하고, 효과적 수행을 위한 시간계획표를 작성하여 시간을 관리 할 수 있다.</td></tr>
<tr><td rowspan="2">학습
단계</td><td rowspan="2">학습내용</td><td colspan="2">교수-학습 과정</td><td rowspan="2">시간
(분)</td><td rowspan="2">자료 및
유의점</td></tr>
<tr><td>교수</td><td>학생</td></tr>
<tr><td>도입</td><td>자신의
발달단계
파악하기</td><td>- 나는 어떤 발달단계에 있는가?
- 성년기의 변화이야기 하기
- 성년기의 성공과 행복 : 자신의 능력, 지혜, 성취에 영향</td><td>- 성년기로의 이행의 시기
- 경제적 독립, 배우자, 직장인</td><td>10</td><td></td></tr>
<tr><td rowspan="3">전개</td><td>성년기
이해하기
·
생애설계
필요성
인식하기</td><td>- 성년기란
: 졸업, 경제적 독립, 부모됨의 시기
: 성년기의 발달과업
: 다양한 도전 시기
→ 전생애적 관점 인생설계 필요성</td><td></td><td>10</td><td>교수자료</td></tr>
<tr><td>생애설계
진로계획</td><td>- 진로계획의 변화 생각해보기
: 과거 진로 계획이 항상 여전한가?
→ 자신과 세상의 변화에 따라 변화
→ 생애설계로서 진로계획의 필요성
- 진로계획을 위한 시간 관리</td><td>- 함께 이야기하기</td><td>10</td><td>교수자료</td></tr>
<tr><td>시간관리
하기</td><td>- 지금시기 나는 무엇을 해야 하는가
: 계획 수행을 위한 시간계획표 작성
→ 나의 시간 사용 확인하기
→ 일주일 계획 작성하기</td><td>- 활동지 작성하기
: 함께 이야기하기</td><td>15</td><td>활동지
5-1
5-2</td></tr>
<tr><td>정리</td><td>시간관리
중요성
강조하기</td><td>- 성년기로서의 이행의 시기
: 피할 수 없는 변화 존재
→ "피할 수 없으면 즐겨라"
- 계속적 계획 세움과 수행 간의 일치
: 만족감 부여
→ 성공적인 삶을 위한 원동력</td><td></td><td>5</td><td></td></tr>
</table>

〈학습자료〉

학습내용 1. 성년기 이해, 생애설계 필요성 인식하기

일생을 통해 확실한 것은 변화의 필연성이다. 어릴 때나 사춘기 때는 가시적이고 극적인 변화들이 몇 달 혹은 몇 년에 걸쳐 일어난다. 그래서 청소년기를 격동과 스트레스의 시기, 감정의 굴곡이 심한 시기, 가치관과 태도가 혼란스러운 시기로 기억한다. 이와 마찬가지로 성인에게 일어나는 변화 역시 극적이고 스트레스일 수 있다. 그러나 성인으로의 변화와 도전들은 인생에서 피할 수 없는 현실이므로 이런 현실에 직면하고, 생애계획에 피할 수 없는 변화를 포함시켜 기회와 도전으로 전환시키도록 준비할 필요가 있다. 대학생이 된다는 것은 곧 성년기로서의 이행을 의미한다. 때문에 이러한 시점에 있어서 앞으로의 변화를 전생애적 관점의 시각으로서 설계해봄으로써 예측해보고 '내 삶의 주인'이 되기 위한 구체적 계획과 효율적 시간 관리 능력을 함양하는 것은 상당히 큰 의미가 있다.

1. '나'의 발달 단계

- 대학생은 고등학교를 졸업하고 사회인으로서의 삶을 준비하는 과정의 단계로서 성년기로의 이행을 거쳐 성년기에 있는 존재이다.

2. 성년기의 성공과 행복

- 성년기에 있는 사람들은 성공과 행복이 부모의 도움이나 사회적 지위보다 자신의 능력, 지혜, 성취에 달려 있기 때문에 인간관계나 직업에서 실패할 경우 치명적인 상처를 받을 수 있다. 성년기의 발달과업을 알고 이때 나타나는 변화가 어떤 것과 관련이 있으며, 성별에 따라 어떤 차이가 있는지 안다면 성년기로의 이행이 불안하지 만은 않을 것이다.

<진로탐색과 생애설계 꿈을 찾아가는 포트폴리오, 학지사>

1. 성년기

성인으로 간주되는 보편적인 기준은 학업을 마치고 경제적으로 독립하여 부모가 되는 시기다. 성년기의 발달과업은 배우자를 선택하여 함께 사는 법을 배우고 가정을 꾸리며, 직업을 갖고 시민으로서 의무와 책임을 다하는 것을 들 수 있다. 이와 같이 성년기에는 직업인, 배우자, 부모와 같이 새롭고 중요한 역할을 담당하기 때문에 일생에서 스트레스를 가장 많이 받는 시기라고도 할 수 있다.

2. 생애설계의 필요성

오늘날 사회는 성년기에 있는 사람들에게 미래 사회에 적합한 배우자와 부모의 역할을 요구한다. 때문에 성년기에 있는 사람은 자신의 감정을 잘 조절하고 부모로서 다른 가족 구성원과도 협력해야 하며, 따라서 직장인과 가족 구성원으로서 역할과 책임은 서로 갈등을 일으키게 된다. 이와 같이 성년기에는 다양한 도전이 있다. 때문에 이를 위하여 오늘날 전생애적 관점에서 인생을 설계하고 조직화하는 능력은 갈수록 점점 더 요구되어지고 있다.

학습내용 2. 생애설계 진로계획

사람들은 진로계획이 이미 완성된 지도와 같아서 앞으로 남은 시간 동안 단지 따라가야 한다고 생각한다. 그러나 불행히도 기존에 수립한 진로계획은 자신과 세상이 변화하기 때문에 점점 더 쓸모가 없어진다. 즉 진로계획은 일회적인 작업이 아닌 일생을 통해 꾸준히 해야 하는 평생계획인 것이다. 시간이란 평생을 구성하는 재료이다. 무언가를 하기 위해서는 그에 필요한 재료를 잘 다룰 줄 알아야 한다. 시간 역시 마찬가지이다. 우리는 진로계획을 위한 평생계획에 있어서 평생을 구성하는 시간이라는 재료를 잘 다룰 줄 알아야 한다. 시간은 따로 살 수가 없는 것이다. 옷은 만드는데 있어서의 천과 같은, 음식을 만드는데 있어서의 식품과 같은, 집을 짓는데 있어서의 벽돌과 같은 것이 아니기 때문에 우리는 구입할 수도 저장할 수 도 없는 시간을 잘 다루기 위해 이것의 사용을 계획하여 조절할 수밖에 없다.

학습내용 3. 시관관리 하기

자신이 계획한 것에서 원하는 결과물을 얻어내는 데 영향을 미치는 가장 중요한 요인 중 하나는 시간을 얼마나 잘 관리하는가 하는 것이다. 목표를 아무리 잘 설정하고 계획을 아무리 잘 세워도 그 목표와 계획에 시간과 에너지를 정성들여 투자하지 않으면 아무 소용이 없다. 자신의 시간은 자신만의 유일한 자원이며 자신이 가진 것이 전부다.

1. 시간의 불저장성

'시간을 병에 담을 수만 있다면…' 이라고 시작되는 노래가 있다. 이는 모두가 원하는 시간에 대한 생각일 것이다. 시간 부족에 대한 생각은 자신의 삶과 자신의 모든 것을 병들게 할 수 있다.

만약 무엇인가를 시작하기 위해 기다린 시간을 저장할 수 있고 필요할 때마다 꺼낼 수 있다면, 자신에게 주어진 대부분의 일들은 쉽게 완수될 수 있을 것이다. 그러나 불행히도 시간은 유형의 것이 아니기 때문에 저장해 둘 수 없다. 시간을 측정할 수 있는 것은 경험뿐이다. 계절, 일 년, 한 달, 하루, 시간, 분 등은 생활을 조직하고 조절하기 위한 측정 도구이자 이정표다.

시간 관리는 삶에서 몰입하는 방향을 효과적으로 조절하고 지속하게 한다. 자신이 삶을 붙잡고 활용하는 것처럼 보이지만 이를 조절하거나 명령할 수 없는 경우도 있다. 그러나 시간은 조절할 수 있다. 시간은 저장하거나 빌려올 수는 없지만 주어진 시간을 관리하는 것은 배울 수 있다. 어떻게 시간을 잘 관리하는가가 결과적으로 어떻게 잘 사는가를 결정한다. 시간 관리에서 최대의 적은 마지못해 시늉만 하거나 무관심 속에 어떤 것을 하는 것이다. 또한 결과에 대한 생각 없이 습관적인 방법이나 순위에 따라 '바쁘게'사는 자신의 성향이다.

2. 시간의 남용

시간을 잘못 사용하거나 낭비하는 결과를 가져오는 개인적 습관이나 특성은 많은 사람들에게 흔하다. 시간관리 문제를 연구한 결과를 보면 바쁜 사람들도 자신이 사용한 시간의 80% 이상을 몇 안 되는 활동을 하는 데 집중적으로 사용한다고 한다. 하지만 중요한 것은 시간을 낭비하는 습관의 대부분은 자신이 그것을 자각하고 제거하려고 노력하면 확실히 줄일 수 있다는 것이다.

시간을 낭비하는 사람은 사소한 전화통화, 불필요한 만남이나 대화, 지나친 걱정과 염려, 미루는 습관, 거절하지 못하는 것, 웹서핑 등과 같은 행동들에 집중하는 경향이 있다. 삶에서 낭비하는 시간의 대부분이 일상적인 일이라는 것은 쉽게 시간을 조절할 수 있다는 뜻이기도 하다.

* 활동지 3-1

※ 항목에 대하여 사용한 시간을 적어보고 계산해봅니다.

항 목		시 간	총시간
고정시간	수업참여	3	5.5
	학원 등 과외 학습시간	2	
	종교활동시간	0.5	
	근무시간	0	

※ 시간사용에 있어서의 낭비된 시간은 없었는지 되짚어 봅니다.

3. 시간관리 – 아이젠하워 법칙

아이젠하워 대통령은 뛰어난 시간 관리로 과중한 업무들을 무난히 처리하면서도 가족과도 많은 시간을 보냈다고 한다. 그 분의 시간관리 원칙은 다음과 같다.

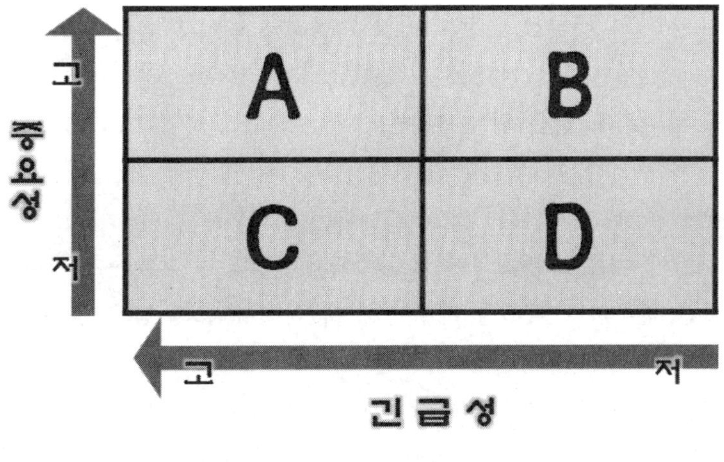

1) 중요하고도 긴급한 일 : A분면

이것은 당장 해내지 않으면 안 되는 것들이다. 학생이라면 시험공부, 회사원이라면 사장이 지시한 일, 마감 날의 결산, 바로 보고해야할 기획안 등이 될 것이다. 망설일 이유가 없다. Just do it!

2) 긴급하지는 않지만 매우 중요한 일 : B분면

이것이 우리가 마음을 기울여야 할 가장 중요한 대목이다. 긴급하지는 않지만 매우 중요한 것, 그게 무엇일까? 여기에 즉각적으로 대답할 수 있어야 한다. 지금 대답을 머뭇

거리고 있다면 '삶을 효율적으로 관리'하고 있다고 말하기 어렵다. 그만큼 중요한 개념이다. 자기계발 영역의 모든 것이 여기에 포함된다. 대학생이라면 일찌감치 영어 공부에 매진하는 것, 직장인이라면 독서와 건강관리, 부모님과 떨어져 사는 경우 자주 찾아뵙고 연락을 드리는 것, 자녀들과 많은 시간을 보내는 것 등이 될 것이다.

A가 끝나면 B에 모든 시간을 할애해야 한다. 하지만 급하지 않다는 이유로 많은 사람이 미루고 또 미룬다. 지금 이렇게 정신없이 바쁜 이유는 그동안 B영역을 소홀히 했던 까닭이기도 하다. 그래서 B영역을 소홀히 했을 경우 언젠가는 치명적인 결과로 나에게 부메랑처럼 그 결과가 돌아온다고 말한다.

3) 긴급하지만 중요하지는 않은 일 : C분면

전화가 오는 경우 가장 긴급한 일이 될 수 있지만 쓸데없는 전화일 경우가 많다. 사무실로 찾아 온 동기와 차 한 잔 한다는 것이 몇 시간 째 잡담을 나누고 있다. 친구와 통화 중 무심히 술 한 잔 하자는 말이 빌미가 되어 2차 3차를 전전하게 되는 것. 이렇게 우리는 갑자기 급하게 닥친 어떤 사안에 시간과 정력을 낭비하게 된다. 과감히 줄일 것들이다. 아이젠하워는 이러한 영역의 업무는 다른 사람에게 위임을 했다고 한다.

4) 중요하지도 급하지도 않은 일 : D분면

쓸데없는 일은 모두 여기에 속한다고 볼 수 있는데, 여기에 쏟는 시간이 또 만만치가 않다. 아이젠하워는 아예 손을 대지 않았다고 하는 영역이다.

조금이라도 시간의 여유가 생긴다면 마음속에서 B영역이 떠올라야 한다. 그래서 시간관리의 전문가들은 하루하루 계획을 세우는 것에 대해서 그리 높은 점수를 주지 않는다. 이유는, 그렇게 하면 역시 급하고 덜 중요한 일들로 채워질 가능성이 매우 높기 때문이다. B분면을 고려한 계획이 되기 위해서는 장기적인 설계가 필요한 것이다. 장기적인 설계는 결국 인생에 대한 근원적인 성찰에서 나온다. 그래서 시간 관리는 곧 인생을 관리하는 것이 되는 것이다.

4. 대학생의 시간관리

1) 시간관리 원칙

(1) 대학을 직장처럼

월요일부터 금요까지 오전 9시에서 오후 6시까지는 학생의 본분을 충실하게 수행해 본다.

학기 초 시간표를 작성할 때 빠른 수업과 마지막 수업 사이의 공강을 넓게 두는 것도 좋은 방법이다. 사소한 집안행사나 아르바이트 등은 저녁이나 주말을 이용한다. 오전 9시에서 오후 6시 사이에서는 학생으로서 할 일과 공부를 하는 습관을 들인다.

(2) 사용시간 기록하기

시간을 기록해보는 것은 시간관리를 위한 첫 번째 단계이기도 하다. 나의 시간 사용현황을 알아야 나의 시간을 관리하는 것이 가능하기 때문이다. 나의 시간 사용 현황 파악을 통해 시간 관리를 위한 구체적 계획을 세울 수 있다. 비교적 자세하게 나의 사용시간을 기록해보는 것이 좋다. 실제 모 기업에서는 직원들에게 15분마다 자신의 업무현황을 쓰는 시간관리 제도를 의무화하기도 한다고 한다.

(3) 우선순위를 정하기

앞서 이야기한 아이젠하워의 법칙을 사용하는 것은 좋은 방법이라 할 수 있다. 우선순위를 결정하는 일은 누가 대신할 수 없이 자신이 판단해야 하는 일이다. 자신의 가치관과 원칙, 필요에 기초해 스스로 결정을 내리도록 한다.

2) 시간관리 도구 활용하기

(1) 한 학기 달력

시험과 리포트 제출일이 모두 기록되어 있는 해당 학기 달력을 준비한다. 달력에는 중요한 일정들을 모두 기입해야만 한다. 정말 중요한 일정이 다가오기 시작함을 인지하면 올바른 계획을 세워 대처할 수 있다. 리포트의 제출일 및 시험 날짜 등의 기한을 매사 쉽게 자각 할 수 있다.

(2) 월간계획표와 주간계획표 및 일일계획표

한 달의 달력이 한 장의 종이 위에 나타나 각 날짜의 빈칸에 중요한 일정과 행사를 적어놓는다. 중요한 일정과 행사의 준비를 위한 주간 계획표를 작성한다. 대부분의 사람들은 주간을 단위로 생활한다. 주간계획표는 대부분 일일계획표를 포함하는 경우가 많다. 이의 경우 하루의 계획과 그 주의 시관관리 패턴을 한 눈에 확인 할 수가 있어 편리하다.

<학습전략과 진로탐색, 대구가톨릭대학교 출판부>

* 활동지 3-2

※ **일주일의 시간을 계획해 봅니다.**

날짜 / 시간	4/1	4/2	4/3	4/4	4/5	4/6	4/7
6-7		아침운동		아침운동		아침운동	
7-8							
8-9	아침식사	아침식사	아침식사	아침식사	아침식사	아침식사	아침식사
9-10	전공필수	노서관		인터넷 카페			
10-11	전공필수	도서관		인터넷 카페	교양선택		

- 같은 시간 활용에 대하여 같은 색으로 색칠해도 좋습니다.

3) 시간관리를 위한 좋은 습관

(1) 전날 밤의 일일계획

"오늘은 뭐부터 해야 하지?" 아침에 일어나서 그날 할 일을 계획하는 것보다 밤에 자기 전에 미리 다음날 할 일을 정리하는 편이 좋다. 종이에 내일 해야 할 일을 쭉 적어보고 일처리의 순서를 정하거나 동선을 짜본다. 시계의 알람을 특정 시로 맞춰놓을지 정하는 것부터가 내일 하루 스케줄의 시작인 셈이다.

(2) 다이어리 활용

흔히 '시스템 다이어리'라고 부르는 일정관리 수첩을 활용하는 것은 좋은 습관이다.

자신이 남긴 기록이 하나둘 쌓여가는 것을 눈으로 확인하면서 뿌듯함을 느낄 수 있고 자기반성을 하는 데도 유리하기 때문이다. 일부 여학생 중에는 다이어리나 수첩을 예쁘고 깨끗하게 꾸미는 데 지나치게 집착하는 경우가 있는데, 수첩을 자기관리와 반성을 위한 '시간 관리 도구'라고 생각하고 '마음 편히' 쓸 것을 권한다.

(3) 정리정돈

"내가 이걸 어디다 뒀지?" 물건 찾느라 책상 뒤지고 가방을 뒤집어엎는데 낭비되는 시간도 만만찮다. 물건을 '정해진 자리'에 보관함으로써 필요할 때 빠르게 찾을 수 있는 것만으로도 엄청난 시간을 절약할 수 있다. 책상 위에는 서랍이 여럿 달린 공구상자를 마련해 집게 · 클립 등의 자잘한 물건을 정리하고, 짜임새 있게 칸이 나뉘어 있거나 주머니가 달린 가방을 이용하는 것도 좋은 방법이다.

(4) 기다리는 시간의 활용

버스 기다리는 시간, 병원 진료 기다리는 시간, 강의 기다리는 시간을 모두 더해보면 상당한 시간이 될 수 있다. 조각 시간들을 활용하여 할 수 있는 간단한 과제 등을 준비해 다니는 것이 좋다. 자신이 공부한 것을 쉽게 요약해 놓은 수첩을 읽거나 강의 테이프를 듣거나 외국어 공부를 위한 단어 외우기 등은 적정한 과제의 예라 할 수 있다. 조각 시간을 활용한 예습 및 복습은 높은 학습 성과를 가져올 수도 있다. 강의를 기다리는 시간을 활용하여 그 시간에 배우게 될 부분을 한번 살펴보고 강의를 들어보면 보다 귀에 쏙쏙 들어옴을 느낄 수 있을 것이다. 조금 알고 시작하는 것은 아는 것이기에 쉽고 더 알아가기 때문에 재미있게 느껴질 수 있다.

(5) 계획적인 인터넷 사용

인터넷은 인터넷뱅킹으로 은행갈 시간을 줄이고 각종 문화시설 예약이나 자료 찾기 등에 활용함으로써 일상생활에서의 시간을 절약할 수 있게 해준다. 하지만 이용시간에 있어서 원칙이나 계획을 정해놓지 않는다면 오히려 인터넷은 급하지도 중요하지도 않은 일에 시간을 소비하게 하는 주된 범인이 되기도 한다. 우연히 시작한 인터넷은 계획하지도 않은 인터넷 쇼핑이나 온라인 게임에 잠시 푹 빠지게 하는 매력을 지녔기 때문이다.

📖 Today's words

그대는 인생을 사랑하는가? 그렇다면 시간을 낭비하지 말라, 시간은 인생을 구성하는 재료이기 때문이다. - 벤자민 프랭클린 -

제6장 스트레스 관리

〈교수-학습계획안〉

<table>
<tr><td>주제</td><td colspan="6">Healthy "I", Happy "I" 프로젝트
– 건강한 나의 관리 ! : 나는 "나" 의 건강, 행복 매니저 : 스트레스 관리와 자기 돌봄</td></tr>
<tr><td>학습
목표</td><td colspan="6">건강한 나를 관리하기 위한 스트레스의 대처방법을 찾고 자기 돌봄을 위한 구체적 전략을 세울 수 있다.</td></tr>
<tr><td rowspan="2">학습
단계</td><td rowspan="2">학습내용</td><td colspan="2">교수–학습 과정</td><td rowspan="2">시간
(분)</td><td rowspan="2">자료 및
유의점</td></tr>
<tr><td>교수</td><td>학생</td></tr>
<tr><td>도입</td><td>스트레스
이야기하기</td><td>- 나의 스트레스는 무엇이 있는가?
- 현대인들의 스트레스
: 삶에서 당면하는 일상적 사건</td><td>- '나의 스트레스' 이야기하기
- 현대인들의 스트레스 생각하기
: 개인, 가정, 사회생활 내 존재</td><td>5</td><td></td></tr>
<tr><td rowspan="4">전개</td><td>스트레스
이해하기</td><td>- 스트레스의 정의
: 건강한 발달과 진로실현을 위한
→ 스트레스관리 · 대처의 중요성인식
- 스트레스 대처를 위한 발생요인 이해
: 환경에서의 스트레스 발생요인
→ 새로움, 강렬함, 모호성, 중요성</td><td></td><td>10</td><td></td></tr>
<tr><td rowspan="2">스트레스
대처하기</td><td>- 생활사건 스트레스 알아보기
: 일상생활 가장 큰 스트레스는 무엇인가?
: 나만의 스트레스 대처 방법 이야기하기
→ 효과적인 대처방법 생각해보기</td><td>- 활동지 작성하기
: 함께 이야기하기</td><td>15</td><td>활동지
6-1</td></tr>
<tr><td>- 스트레스 대처를 위한 최적 건강 유지하기
: 자기 돌봄의 중요성이야기</td><td></td><td>5</td><td>교수자료</td></tr>
<tr><td>자기 돌봄
성찰하기</td><td>- 현재 자기관리 스타일 체크하기
: '자기 관리 스타일' 성찰하기</td><td>- 활동지 작성하기
: 함께 이야기하기</td><td>10</td><td>활동지
6-2</td></tr>
<tr><td>정리</td><td>스트레스의
대처 · 자기
돌봄의
중요성
강조하기</td><td>- 일상생활의 스트레스 대처와 자기돌봄
: 평생 필요한 기술
→ 건강한 발달과 진로실현을 위한 중요 기술</td><td></td><td>5</td><td></td></tr>
</table>

〈학습자료〉

학습내용 1. 스트레스 이해하기

오늘날과 같은 복잡한 사회를 살아가는 현대인들은 매일 스트레스란 말을 되풀이하는 동시에 스트레스를 받으며 살아가고 있다. 스트레스는 삶에서 당면하는 일상적인 사건이다. 따라서 우리는 결코 스트레스에서 완전히 도망갈 수 없는 스트레스의 굴레 속에 살아가고 있다고 해도 과언이 아니다.

사람들은 성공할 가능성이 있다고 보이는 것에 실패할 때 스트레스에 의하여 자기존중감의 위협을 받기도 한다. 때문에 스트레스의 결과는 어찌보면 더 파괴적이라 할 수도 있다. 하지만 이러한 스트레스가 늘 유해한 것만은 아니다. 약간의 스트레스는 오히려 학습과 성장을 촉발시키고 동기화 하는 역할을 한다. 사람은 스트레스를 경험하면서 새로운 기회를 경험하고 삶을 조절하기 위한 더 나은 지위를 얻게 된다. 때문에 건강한 발달과 진로실현은 자신이 성공하고 성장하고 즐길 수 있도록 해주는 스트레스 관리와 통제 기술의 습득을 요구한다. 따라서 이 시간을 통하여 스트레스의 대처방법을 모색하고 스스로를 위한 자기 돌봄의 전략을 세워봄을 그 의의가 크다고 할 수 있겠다.

1. 나의 스트레스 이야기하기
- 나의 일상적 스트레스에는 무엇이 있는가? 그것이 나에게 미치는 영향은 무엇인가?

2. 현대인들의 스트레스에 대해 이야기 해 보자.

1. 스트레스의 정의

스트레스는 사전적으로 '적응하기 어려운 환경에 처할 때 느끼는 심리적 · 신체적 긴장상태'로 정의되어 진다. 심리학자들은 이러한 스트레스에 대해 '어떤 중요하고 기본적인 인간의 요구의 위협을 지각하는 것'으로 보다 폭넓게 정의하고 있으며, 이에 의하면 사람은 살아가는 동안 거의 날마다 약간 이상의 스트레스를 경험하고 있다고 할 수 있다.

2. 스트레스의 발생 요인

1) 새로움

너무나 새롭고 낯선 상황들은 약간의 스트레스를 낳는다. 낯선 사람들을 만나고 새

직업을 얻으며 집단에서 새로운 역할을 맡을 때도 스트레스는 발생되어질 수 있다. 하지만 그렇다고 해서 어느 정도의 새로움도 없다하면 오히려 삶은 지루하고 단조로워질 수 있다.

이러한 새로움을 관리하기 위해서는 새로운 상황에 대하여 익숙해지고, 그 상황을 관찰하여, 관련 정보를 여러 출처를 통해 얻음으로써 그에 관해 배우고 분석하고 참여해야 하는 자세가 필요하다 할 수 있다.

2) 스트레스의 강도

큰소리, 아주 밝은 빛, 높은 온도 등의 강렬한 자극이 분명히 스트레스를 가져다주듯이 화, 슬픔, 절망과 같은 정서적 표현도 주변 사람들에게 스트레스를 유발한다. 이러한 의미에서 통제되지 않은 정서 표현은 다른 사람에게 영향을 미칠 수 있다고 할 수 있다.

이러한 강력한 물리적, 정서적 특성을 다루는 데서의 첫 번째 단계는 그 상황을 평가하고 인내력의 한계를 설정하고 환경에 물러서서 행동할 기점을 미리 결정하는 것이다. 이성 친구에게 화가 나 상처가 되는 말을 하여 갈등의 골이 깊어질 수 있는 경우도 한발 뒤로 물러선다면 싸움으로 발생할 수 있는 강렬한 스트레스를 줄일 수 있는 것이다.

3) 모호성

모호성은 현재의 상황에서 다음 상황을 예측하기 어렵게 한다. 모호한 상황은 위협적인 상황으로 인식되는데, 스트레스 수준이 모호하거나 알려지지 않았을 때 사람들은 극도의 두려움과 미숙한 환상을 투사해버릴 수 있는 것이다.

이러한 모호성을 줄이기 위해서는 아이디어를 줄지도 모르는 실마리나 지침들을 탐색하거나, 모호성을 좀 더 명확하게 이해하고 있는 사람들과 협의할 수 있다. 일반적으로 아주 모호한 상태에서의 최선 전략은 유연하고 실험적인 행동을 하는 것인데 자신이 조직에서 무엇을 해야 할지 모르는 경우 자신의 직무에 대한 책임 영역과 직무 목표를 명확히하여 역할의 모호성을 줄이는 것이 이의 한 예라 할 수 있다.

4) 복잡성

사람들은 극도로 복잡한 상황에서 스트레스를 경험 한다. 특히 의사결정이나 문제해결에 관련된 요소들을 분류해야만 하는 복잡한 상황에서 피로와 긴장을 쌓이게 함으로써 스트레스를 유발한다.

복잡성은 신중한 전략이나 계획을 통해 일반적으로 잘 관리될 수 있다. 과업 수행에 있어서의 관련된 요인들의 중요성을 평가하여 덜 중요한 요인들을 삭제하거나, 밀접한 요소들 간의 연결하기 기법(청킹)을 통하여 총 요인의 수를 줄임으로써 복잡성을 감소시킬 수 있다.

5) 중요성

자신에게 얼마나 중요한 것인지는 어떤 상황에서든지 스트레스가 증가할 수 있는 요인으로 작용할 수 있다. 관심이 점점 많아지고 위험이나 불확실성이 점점 많아짐에 따라 점차 더 중요해지고 관련된 스트레스 수준도 높아진다. 이러한 스트레스는 그에 의해 위협받을 때 더 많은 상처를 야기 시킬 수 있는데, 이를 대처하기 위해서는 상황들과 관계된 중요성을 배분함으로써 독립성과 안정성을 확보하는 방법이 있다.

<진로탐색과 생애설계 꿈을 찾아가는 포트폴리오, 학지사>

학습내용 2. 스트레스 대처하기

오늘날과 같은 복잡한 사회를 살아가는 현대인들은 매일 스트레스란 말을 되풀이하고 또 스트레스를 받으며 살아가고 있다. 스트레스는 삶에서 당면하는 일상적인 사건이다. 따라서 우리는 결코 스트레스에서 완전히 도망갈 수도 벗어날 수도 없다.

스트레스는 순전히 외부적인 상황에서만 일어나는 것이 아니다. 자신이 선택하든 그렇지 않든 간에 스트레스는 발생한다. 중요한 목표를 성취하지 못하거나 성공할 가능성이 있다고 보이는 것에 실패할 때 언제나 자기존중감은 위협받는다. 그러나 스트레스를 피하고 운명에 체념하면서 지낸다면 일생 동안 부적절감과 실패감을 가지고 자신을 책망하거나 비난할지도 모른다. 우리가 알고 있는 것처럼 낮은 수준의 만성 스트레스는 짧은 기간 드러나는 긴장처럼 강렬하지는 않아도 결과적으로 더 파괴적이다.

하지만 스트레스가 늘 유해한 것은 아니다. 약간의 스트레스는 학습과 성장을 촉발시키고 동기화한다. 우리는 문제에 직면하거나 만족감에 장애가 되는 상황에 놓일 때마다 스트레스를 경험한다. 스트레스를 경험하면서 새로운 기회를 경험하고 우리의 삶을 조절하기 위한 더 나은 지위를 얻게 된다.

목표를 성취하기 위해 자신에게 필요하고, 감수할 수 있는 위기는 걱정과 불안을 불러일으킨다. 스트레스가 없는 삶은 모험과 기회에 도전하는 것이 결여된 지루하고 단조로운 삶이 될 것이다. 건강한 발달과 진로실현은 자신이 성공하고 성장하고 즐길 수 있도록 해주는 방법들로 스트레스 수준을 관리하고 통제하는 기술을 포함하고 있다.

1) 스트레스의 영향

- **긍정적 영향**

  무언가를 행동하게 만든다. 스트레스로 인해 역동적이고 새로운 시각을 견지한다.

- **부정적 영향**

  불신, 거부, 분노, 의기소침 등의 감정이 불러일으킨다.

  두통이나 위경련, 불면증, 궤양, 고혈압 등과 같은 신체적 질병의 원인이 되기도 한다.

사랑하는 사람의 죽음, 자녀의 탄생, 직장에서의 승진, 자녀의 탄생, 새로운 인간관계 등의 생활과 변화된 삶에 재적응해야 하기 때문에 스트레스를 받는다. 적응 과정에서의 대처방법에 따라 스트레스는 독이 되기도 하고 약이 되기도 한다.

2) 스트레스의 적정 수준

모든 사람에게 다 적정하다고 생각되는 스트레스의 수준은 있을 수 없다. 개인은 모두 개별적인 존재이고 각기 다른 요구를 가지고 있으며, 같은 스트레스라 할지라도 그에 대한 심리적 또는 육체적 반응은 사람마다 다를 수 있기 때문이다. 어떤 사람에게는 스트레스가 어떤 사람에게는 오히려 즐거움이 될 수도 있다. 스트레스에 대한 개인적인 요구와 스트레스로 발전되기까지 과정에서의 인내도는 나이에 따라 변하기도 한다.

많은 질병들이 스트레스가 해소되지 못한 것과 관련이 있다는 것은 사실이다. 지금 스트레스 증상을 경험하고 있다면 그것은 이미 적정 스트레스의 수준을 넘어섰다는 것이다. 때문에 스트레스를 줄이고 현명히 관리하는 능력은 현대인에게 있어서 꼭 필요한 능력이라 할 수 있다.

3) 스트레스 해소 방법

스트레스는 긍정적으로 받아들일 시 어떤 일을 더 빨리 성취할 수 있고 역동적인 인생이 될 수 있게 하는 성격을 지녔다. 어쩌면 경쟁, 대립 등에서 오는 스트레스로 인한 좌절감이나 슬픔까지도 우리의 인생을 깊이 있고 풍부하게 만드는 역할을 한다할 수 있겠다.

적정 수준의 스트레스가 중요하다 함은 바로 스트레스가 너무 없다보면 삶이 침체되고 지루함을 느끼거나 의기소침해 지는 반면 너무 많을 시에도 혼한 속에 빠진 듯한 느낌을 들게 할 수 있기 때문이다.

스트레스를 해소하기 위한 최선의 목표는 이러한 스트레스를 없애는 것이 아니라 바로 스트레스가 우리를 도울 수 있도록 관리하는 것이다.

4) 스트레스 관리 전략

(1) 내가 느끼는 스트레스에 대해 분석하기

본인에게 스트레스를 주는 것과 그에 대한 감정적 혹은 육체적 반응을 파악해야 한다.

- 자신의 고민거리를 안다. 무시하면 안 되며, 문제를 얼렁뚱땅 덮으려 하지 말아야 한다.
- 어떤 사건이 자신에게 스트레스를 주는지 명확히 파악한다.
  > 이러한 사건들을 어떤 의미로 받아들이고 있는가?
- 자신의 몸이 스트레스에 어떻게 반응하는지 확인한다.
  > 마음이 불안해지고 속이 아파오지 않는가? 구체적으로 어떤 증상인가?

(2) 자신을 변화시킬 수 있는 것을 알아낸다.

- 스트레스의 원인을 완전히 피하거나 제거함으로써 변화시킬 수 있는가?
- 스트레스의 강도를 줄일 수 있는가?
- 스트레스에 노출되는 기회를 줄일 수 있는가?
- 변화를 주는데 필요한 시간과 에너지를 소비할 수 있는가?
  > 목표수립, 시간 관리 등

(3) 스트레스에 대한 감정적인 반응의 강도를 줄인다.

- 스트레스에 대한 반응이란 위험에 대한 인지, 육체적 위험이나 감정적인 위험에 대한 인지로 인해 촉발되는 것이다. 스트레스 요인을 과장해서 바라보고 어려운 상황으로 간주해서 스트레스를 재난으로 만들고 있지는 않은가?
- 모든 사람들은 만족시켜야 한다고 생각하고 있는가?
- 모든 것을 예외 없이 중요하고 다급한 것이라 생각하여 지나치게 행동하지 않는가?
- 어떤 상황에서건 자신이 항상 주도권을 잡아야 한다고 생각하고 있는가?
- 스트레스가 나를 기진맥진하게 만드는 것이라고 생각하기 보다는 내가 극복하면 되는 것이라고 생각한다.
- 과도한 감정을 조절한다.
- 상황을 전체적으로 파악하며, 부정적 측면에만 집착하지 않는다.

(4) 스트레스에 대한 육체적 반응을 완화시키는 방법을 배운다.

- 천천히 심호흡을 하면 심장 박동이나 호흡이 정상으로 돌아온다.
- 긴장 완화 기법은 뭉친 근육을 풀어준다.

- 의사로부터 처방 받은 육체적 반응을 완화시킬 수 있는 약은 단기적인 처방이므로 스스로 반응을 완화 시키는 방법을 터득하도록 한다.

(5) 체력을 비축한다.
- 심장 혈관을 튼튼하게 하기 위해 일주일에 3~4회의 규칙적인 운동을 한다. (걷기, 수영, 자전거, 조깅 등의 과격하지 않으며 오래할 수 있는 운동이 좋음)
- 균형 잡히고 영양가 있는 식사를 한다.
- 적절한 체중을 유지한다.
- 니코틴이나 과다한 카페인 및 알콜과 같은 흥분성 음료 등은 삼간다.
- 레저와 학습을 적절히 병행한다. 중간 휴식을 취한다.
- 충분한 수면을 취한다. 정해진 시간에 취침하고 일어나도록 한다.

스트레스를 받았을 때 피해야 할 음식	
술	알코올은 일시적으로 기분이 안정되는 느낌이나 장기적으로 흥분상태를 지속시킨다.
커피	카페인은 뇌를 자극하고 혈관을 수축시켜 스트레스를 더욱 자극한다.
초콜릿	초콜릿에 포함된 카페인과 당분은 스트레스를 가중시킨다.
청량음료	청량음료에는 많은 당분이 함유되어있고 당은 스트레스에 대한 저항력을 떨어뜨린다.
스낵류	당분과 지방이 많이 포함되어 있어 스트레스를 증가시킨다.

스트레스를 극복하는데 도움이 되는 음식	
신선한 과일, 채소	비타민과 무기질이 듬뿍 함유되어 있어 스트레스로 인해 소모가 많아진 비타민, 무기질을 보충해 줄 수 있다.
녹차나 맑은 물	머리를 맑게 하고 이뇨작용이 있어 스트레스로 야기된 노폐물을 배설케 한다.
생선 및 저지방 육류	스트레스로 변화된 생리적 기능의 대처를 위한 양질의 단백질을 많이 포함하고 있다.
우유	양질의 단백질, 비타민, 무기질이 풍부하고 특히 우유 속에 비교적 풍부한 트립토판은 천연 수면 유도제로서 잠이 잘 들게 한다.
전곡류	비타민과 무기질이 풍부하고 섬유질이 많아 배설이 잘된다.

<교양인을 위한 21세기 영양과 건강이야기, 라이프사이언스>

(6) 정서적 여유를 가진다.
- 서로 돕고 정서적인 교류가 가능한 우정이나 관계를 많이 맺도록 한다.
- 자신에게 의미가 있는 현실적인 목표를 세운다.
- 좌절, 실패, 슬픔도 계산에 넣도록 한다.
- 자기 자신을 존중하고 상냥하게 대하도록 한다.

* 활동지 6-1

※ 오른쪽 열에 지난 1년간 경험한 스트레스 횟수를 적고 계산해봅니다.

생활사건	스트레스 가중치	지난 1년간 경험 횟수	스트레스 점수
1. 배우자(이성 친구)의 사망	100×	1	100
2. 이혼	73×	0	0
3. 배우자(이성 친구)와 별거	65×	0	0
:	:	:	:
4. 경범죄 (교통위반, 무단횡단, 소란죄 등)	11×	2	22
합계			**122**

※ 2, 3, 4, 번의 질문에 대하여 자유롭게 적어봅니다.

* 활동지 6-2

※ 자신이 실천하고 있는 자기관리 내용의 해당란에 O를 표시해봅시다.

내용	예	아니오
1. 나는 항상 규칙적으로 식사한다.	O	
2. 나는 패스트푸드를 좋아하지 않는다.		O
3. 나는 채소와 과일을 즐겨 먹는다.	O	
4. 나는 운동하는 시간이 매일 정해져 있다.		O

※ 자신만의 효율적인 스트레스 대처방법에 대하여 적어봅니다.

Today's words

삶이란 우리의 인생 앞에 어떤 일이 생기느냐에 따라 결정되는 것이 아니라 우가 어떤 태도를 취하느냐에 따라 결정되는 것이다. - 존 호머 밀스 -

제7장 방학설계

〈교수-학습계획안〉

주제	방학의 설계				
학습목표	방학의 의미를 파악하고, 바람직한 방학을 보내기 위한 방학설계를 해 봄				
학습단계	학습내용	교수-학습 과정: 교수	교수-학습 과정: 학생	시간(분)	자료 및 유의점
도입	방학의 의미 방학준비의 원칙	- 방학의 다양한 의미를 설명함 - 방학 설계를 할 때 고려해야 할 사항 설명 - 방학 설계의 필요성과 사례 소개	- 방학에 어떤 의미를 둘 것인가? (설문조사 또는 거수에 의한 조사)	10분	
전개	과거의 방학경험에서 찾는 교훈	- 고등학교 때나 대학시절의 방학 경험에서 좋았던 점과 좋지 않았던 점을 돌이켜 보고 이를 바탕으로 방학설계의 방향을 잡자	- 조별 토론을 통하여 활동지를 작성하고 이를 발표(과거의 경험, 방학설계시 고려해야 할 사항 적어보기, 방학설계시 기본 원칙 정하기)	10분	활동지 7-1
	구제척 목표 세우기	- 방학 중 할 일과 우선순위 정하기	- 조별 토론을 통한 활동지 작성 및 발표(방학 중 할 일과 우선순위 정하기)	10분	활동지 7-1
		- 부문별 목표 및 계획 정하기 (학습, 돈벌이, 자기계발, 기타)	- 부문별 목표와 활동계획 수립하기(실행도와 평가는 추후 과제로 하고 개학 후 지도교수와 면담을 통해 평가해 볼 것)	15분	활동지 7-2
정리	정리하기	- 방학 설계의 중요성 강조 - 방학계획과 사후관리의 중요성 강조		5	

〈학습자료〉

학습내용 1. 방학의 의미, 방학준비의 원칙

1. 대학생활에서 방학이란 무슨 의미를 갖는가?

1) 여름이건 겨울이건 방학은 최소한 2개월 이상 장기간의 완전한 자유시간을 부여한다. 이러한 장기간의 자유시간이 주어짐에도 불구하고 보충수업, 자율학습, 방학 숙제 등이 요구되는 중 · 고등학교시절의 방학과는 달리 대학 차원에서 방학기간에 학생들에게 특별히 요구하는 것은 아무것도 없다. 즉 이 기간에 무엇을 할 것인가는 전적으로 자신에게 달려 있다.

2) 방학 동안에 아무것도 하지 않고 완전히 휴식할 수도 있고(재충전), 지난 학기에 못다한 공부를 하고 다음 학기의 학업수행을 위한 준비를 할 수도 있으며(학습), 주어진 시간을 활용하여 다양한 체험을 하는 기회로 활용할 수도 있다(자기계발). 또 비싼 등록금을 마련하거나 최소한 자신의 용돈을 마련하기 위하여 취업활동을 할 수도 있고(아르바이트), 여유가 있다면 어학연수 같은 것도 계획할 수 있다(유학).

3) 그러나 어떤 일을 하든 중요한 것은 자신의 설계하에 목적의식적으로 실행되어야 한다는 것이다. 즉 내가 방학을 만들어가야 한다. 방학생활에 대한 구체적이고 분명한 설계가 필요한 이유이다.

2. 방학 준비의 시기

방학 준비는 빠를수록 좋다. 가급적이면 한 학기의 반이 지나가기 전에는 추상적으로라도 방학 때 무엇을 할 것인지를 그려 보아야 하며, 늦어도 방학이 시작되기 전까지는 계획이 완성되어 있어야 한다.

기말고사가 끝나면 바로 방학이 시작된다. 시험기간에는 방학 설계를 할 여유가 없으므로, 결국 방학 설계는 기말고사 준비를 시작하기 직전까지는 완료하는 것이 이상적이다. 하지만 모든 일이 뜻대로 되지는 않으므로 불가피한 경우에는 기말고사가 끝나는 주말에 계획을 수립할 수 있어야 할 것이다.

3. 목표 정하기

1) 방학 생활의 목표를 분명하게 정해야 한다. 방학기간 전체에 걸친 목표와 시기별 그리고 자신이 할 일의 부분별로 목표를 정하는 것이 좋다.

2) 목표는 매우 구체적으로 정한다. 구체적이라는 것은 목표가 달성되었는지 여부를 객관적으로 확인할 수 있어야 한다는 의미이다. 구체적인 목표는 성취도를 파악할 수 있게 할 뿐만 아니라 목표달성에 대한 동기를 부여하는 긍정적인 효과를 가진다.

3) 목표는 시기에 맞게 정한다. 1학년 1학기 여름방학과 3학년 2학기 겨울방학의 목표가 같을 수는 없다. 남학생이라면 군 입대 전의 방학과 군 제대 후의 방학의 목표가 달라져야 할 것이다.

4) 목표는 달성 가능해야 하고, 끝나는 시간이 정해져 있어야 하며, 소요시간에 대한 고려가 충분히 반영되어 있어야 한다.

학습내용 2. 방학생활의 구체적인 설계 (활동지 7-1, 7-2)

학생들은 3~5인이 한 조를 이루어 토론을 한 후, 활동지 작성은 개별적으로 하도록 함.

1. 활동 1: 과거 방학 돌이켜 보고, 원칙 세우기

1) 과거의 방학 때 설계했거나 실행했던 내용 중 효과적이었던 방법을 알아보고, 그것을 이번 방학에 적용할 수 있는지를 검토해 본다.

2) 과거의 방학 때 설계했거나 실행했던 내용 중 비효과적이었던 방법을 알아보고, 그 이유를 파악하고 그에 대한 대책을 논의해 본다.

3) 이러한 논의를 바탕으로 이번 방학을 잘 보내기 위한 원칙을 정해 본다.

* 활동지 7-1. 방학설계를 위한 기초사항

1. 과거 방학의 경험에서 찾아보는 교훈

구 분	항 목	이 유	대 책
효과적이었던 점	예) 도서관 다니기	시원하고 안정적으로 학습에 전념할 수 있었음	이용할 도서관 정하기
비효과적이었던 점	예) 여행하기	사전계획이 미흡하여 실행에 옮기지 못했음	치밀한 계획 수립
이번 방학생활의 원칙	예) 그룹스터디 하기	혼자 학습을 할 때 조절능력이 떨어짐	목표를 같이 하는 동료들과 스터디그룹 구성

2. 활동 2: 계획을 세울 때 고려할 사항

1) 할 수 있는 일을 계획해야 한다.

방학을 설계할 때 주의할 사항은 자신이 할 수 있는 일을 계획해야 한다는 것이다. 여기에는 시간과 장소, 주어진 환경 등이 모두 고려되어야 한다.

우선 반드시 해야 할 일이 있다면 이를 모두 고려해야 한다. 예컨대, 가정에서 반드시 해야 할 일이 있다면(농사 일, 집 수리, 고향 방문 등) 이러한 일이 전체 방학계획에 포함되어야 한다. 이를 고려하지 않고 계획을 짰다가 이런 일 때문에 계획에 차질이 빚어져서는 안 된다. 마찬가지로 학교와 관련한 일(계절학기, 학생회 활동 등)이나 교우관계(친구와의 약속, 연인과의 관계 등)도 모두 고려하여야 한다. 이런 일들을 고려하지 않고 수립한 계획은 생활에 짐이 될 뿐이며, 가족, 친구 등과의 관계도 원활하지 못하게 만들 수 있다.

2) 일정한 여유 일정을 포함시켜야 한다.

계획에 없던 일이 발생될 경우를 대비하여 이를 보충할 일정한 여유도 확보해 두어야 한다.

3) 조별 토론을 통하여 이런 사항들을 논의하고, 이를 바탕으로 개인적으로 방학 때 고려할 사항들을 정리해 본다.

* 활동지 7-1. 방학설계를 위한 기초사항

2. 방학 설계시 고려해야 할 사항

순번	가정	학교	직장	친구/연인
1	예) 귀향해서 2주간 농사를 지어야 함	3주간 계절학기 수업	1달 동안 매일 6시간씩 아르바이트	친구와 4-5일 여행
2				

3. 활동 3: 우선순위 정하기

1) 조별로 방학 중에 할 여러 가지 일을 논의해 본 연후에, 개인적으로 그러한 일 들 중 할 일을 선별하고, 각각의 일에 대해 우선순위를 정하라.

2) 이런 순위를 정할 때에는 전체 계획과 부문 계획의 경중과 일관성이 고려되어야 한다. 예컨대 전체 방학의 목표는 많은 휴식을 통하여 2학기 생활을 위한 재충전의 기회를 갖는 것인데, 방학 중 활동의 대부분이 하루 8시간씩 아르바이트를 하는 것으로 짜여져 있다면 이런 계획은 잘못된 것이다. 반면 1학기에 미처 다 못한 공부를 보충하고 전공과 외국어 등 능력을 일정한 수준까지 끌어올리는 것을 목표로 삼았음에도 불구하고 방학 중 거의 절반 정도를 여행하는 것으로 계획을 세웠다면 이 역시 목표와 수단이 서로 어울리지 않는 것이다.

* 활동지 7-1. 방학설계를 위한 기초사항

3. 방학 중 할 일 및 우선순위

우선순위	할 일	목표치
1	예) 다양한 지역 여행하기	국내 3개소, 해외 1회, 총 20일 이상
2		

4. 활동 4: 발표하기

활동 1-3까지의 내용을 조별 또는 개인별로 발표한다. 발표 내용은 다른 학생들이 부문별 계획을 수립하는데 참고가 될 수 있다.

5. 활동 5: 방학 중 부문별 계획 작성하기

이 부분은 토론내용을 참고하면서 개인별로 작성한다. 목표와 주별 계획은 수업 중 작성하되, 실행도와 평가는 계획의 진행에 따라서 사후에 작성할 수밖에 없다. 따라서 이런 계획이 목표한 대로 잘 실행되었는지에 대해서는 반드시 스스로 평가해 보아야 한다. 바람직하게는 방학이 끝난 후 지도교수와 개별 면담을 통하여 계획의 실행에 대한 평가를 함께 해 보는 것이다.

1) 학습 부문

① 전공학습능력 증진

- 전공기초과목 학습하기: 복습을 할 것인가, 예습을 할 것인가, 둘 다 할 것인가? 복습을 하고 시간이 남는다면 예습을 하는 것이 더 바람직할 것이다.
- 과목별로 순차적으로 할 것인가, 여러 과목을 함께 할 것인가? 과목이 많지 않다면 순차적으로, 과목이 많다면 함께 하는 것이 어떨까?
- 공부한 부분에 대해서는 자신만의 노트를 남기자. 노트만 보고도 이해할 수 있도록.
- 새학기에 수강할 과목의 수업계획서를 읽어보자.
- 전공이 자기와 잘 맞지 않다면 어떻게 할 것인가? 재수, 편입, 전과, 복수전공 등 가능성을 탐색해 보라. 아울러 위험 부담이 있음을 염두에 두라. 다른 학교나 전공을 선택했을 경우 전공 불일치에 따른 준비기간이 그만큼 더 요구됨을 충분히 고려해야 한다. 새로운 선택을 했으나 여러 가지 여건 때문에 그것이 지속될 수 없는 것이라면 그러한 선택은 피해야 한다.

② 외국어능력 증진

- 어떤 외국어를 공부할 것인가? 영어가 중요하다고, 또 주변의 대부분의 사람들이 영어 공부를 한다고 해서 자신도 그것을 추종할 필요는 없다. 자신에게 꼭 필요한 언어를 잘 선택하는 것이 중요하다.
- 어떤 방법으로 할 것인가? 혼자 독학을 할 것인가, 학원을 다닐 것인가, 인터넷을 이용할 것인가, 친구와 함께 할 것인가? 자신에게 가장 잘 맞는 방법을 선택해야 한다. 그리고 방법의 선택에 있어서 반드시 고려해야 하는 요소는 지속가능성이다.
- 외국어학습의 목표는 무엇으로 할 것인가? 시험에서 일정한 점수 이상 획득을 목표로 할 것인가, 특정한 학습서를 완독하는 것으로 할 것인가? 목표를 분명히 정하고 일정 기간 후에는 반드시 그 목표를 달성할 수 있도록 계획을 짜야 한다.

- 어학연수는 할 것인가? 어학연수를 하고 싶은 경우에는 상당히 일찍 그 계획을 완료해 두어야 한다. 방학이 시작됨과 동시에 바로 해당 지역으로 출발해서 어학연수를 시작할 수 있도록 학기 중에 충분한 조사와 준비를 마쳐야 한다. 어학연수는 목표와 의지, 준비가 충분할 때에만 성과를 거둘 수 있고, 그렇지 않은 경우에는 돈과 시간만 낭비할 우려가 크다.

2) 취업 준비

- 취업관련 학습을 시작할 것인가? 이번 방학기간에 취업 준비를 시작할 것인지도 생각해 보아야 한다. 취업 준비가 빠르면 그만큼 취업에는 유리하겠지만, 그만큼 잃는 부분도 있다는 것을 명심해야 한다. 1학년 여름방학 때 취업을 위하여 매진할 것인지, 아니면 다양한 공부와 사회경험을 할 기회로 이용할 것인지에 대해서는 많은 고민과 주변의 조언을 받아서 결정하는 것이 좋다. 따라서 아직 취업준비를 시작할 시기가 아니라고 판단된다면 과감하게 접고 다른 분야에 집중하는 것이 좋다.
- 취업준비를 시작하려면 최종 취업시기를 정해놓고 역산하여 계획을 세워서 계획대로 밀고 나가자. 지금이 3학년 1학기 여름방학이고, 취업시기를 4학년 졸업 직후로 계획하고 있다면 1년 반의 계획이 세워져 있어야 하고, 그 1년 반 동안 학기 중, 그리고 여러 차례의 방학 때 어떤 내용을 준비할 것인지가 일관성있게 계획되어야 한다. 그리고 그 계획을 달성하기 위한 첫 출발을 이번 방학 때부터 시작하는 것이다.
- 이러한 계획을 세울 때에는 취업한 주변 사람들의 이야기를 듣고, 같은 분야의 취업을 생각하는 동료들과 함께 하는 것이 좋다.

3) 돈벌이(아르바이트 또는 인턴)

- 대학 등록금이 매우 비싸고 대학생활을 위해서도 상당한 비용이 소요되므로, 경제적으로 아주 부유한 경우가 아니라면 누구나 돈 문제로 고민을 할 것이다. 그리고 그러한 고민을 해결하기 위한 방편의 일환으로 방학 중 아르바이트 등을 고려할 수 있다. 그러나 돈을 번다는 것은 결코 쉬운 일이 아니고, 그만큼 많은 시간과 노력이 필요하므로, 그런 노력과 시간을 투자해서 돈을 버는 것과 그것을 다른 분야에 투자하는 것이 더 나은지에 대해서 충분히 생각해 보아야 한다. 방학 중 열심히 아르바이트를 해서 돈을 벌었지만, 이로 인하여 대학생활에 필요한 공부를 할 여유가 전혀 없어서 개학 후 학습에 막대한 지장을 받게 된다면 그런 아르바이트는 큰 의미가 없을 것이다. 또한 다음 학기 등록금을 마련한다거나 고액의 어학연수비용을 마련하기에는 방학기

간이 그다지 길지 않다는 점도 염두에 두어야 한다.

- 아르바이트나 인턴의 경우 사회경험을 미리 해 보는 것이므로, 그 자체로 충분한 가치는 있다. 그러나 자신의 상황에 따라 아르바이트를 할지 인턴을 선택할지는 달라질 수밖에 없다. 저학년이라면 일정 기간 단시간의 아르바이트가 적절할 것이고, 취업을 목전에 두고 있는 4학년이라면 취업에 직접 도움이 되는 인턴경험이 바람직할 것이다.
- 아르바이트를 하기로 한 경우 그 목적을 분명히 해야 한다. 방학 중 여행을 하고 싶은데 그 여행경비를 마련할 목적으로 아르바이트를 하기로 했다면 그 목적에 충실하게, 그리고 그 한도 내에서 생활의 일부 시간을 할애하여 아르바이트를 해야 한다. 반면 등록금 등 상당한 액수의 비용 마련이 목적이라면 학습이나 자기계발 등 다른 많은 부분을 희생하고 돈 버는 일에 집중해야 할 것이다. 어느 쪽이든 목적을 분명히 하고 그에 맞추어 계획을 수립해야 한다. 예컨대 20만원의 여행경비를 마련하기 위해서 하루 8시간씩 한달 내내 아르바이트를 하는 것은 바람직하지 않으며, 하루 2시간 정도를 일하는 데 투여하고 나머지 시간을 학습과 자기계발 활동에 쏟는 것이 나을 것이다. 또한 아르바이트의 기간과 종류를 선택하는 데에 있어서도 이러한 목적이 고려되어야 한다.
- 돈을 버는 일에 모든 것을 쏟아 붓기로 하지 않은 이상 아르바이트와 학습 등을 적절히 분배하여야 한다. 또한 일정 기간의 아르바이트를 통해 원래 세운 목적을 달성하였다면 과감히 그만 두고 나머지 계획에 집중할 수 있어야 한다. 돈의 유혹은 매우 달콤하지만, 그 달콤함에는 항상 독가시가 함께 따라 다님을 잊어서는 안 된다.

4) 자기계발

- 대학의 방학에는 그 이전에 경험하지 못했던 장기간의 자유시간이 주어지므로 이는 자기계발을 위해서 활용할 수 있는 천금같은 기회이다. 자신의 희망과 의지에 따른 봉사활동을 할 수도 있고, 국내 또는 해외로 장기간의 여행을 떠날 수도 있다. 또 학기 중에 전공 학습에 매달려 읽지 못했던 수많은 책을 읽을 수 있는 기회로 삼을 수도 있고, 자신의 취미활동을 한껏 즐길 수 있는 시간을 가질 수도 있다.
- 어떤 방식으로 자기계발을 하든 간에 적절한 계획이 수반되지 않으면 안 된다.

* 활동지 7-2. 부문별 목표 및 실행계획 및 평가(과제)

학습내용 3. 방학을 잘 보내기 위한 제언

1. 효과적인 방학과 비효과적인 방학의 차이

효과적인 방학	비효과적인 방학
시간을 조절할 수 있다.	시간에 끌려 다닌다.
중요한 일을 우선적으로 한다.	시시한 일을 할 때가 많다.
일의 의미에 관심을 갖는다.	일의 의미보다 시간을 보내는데 관심을 갖는다.
계획에 따라 일관되게 생활한다.	기분에 따라 움직이므로 일관성이 없다.
생활의 균형과 조화를 이룬다.	생활이 불규칙석이고 혼란스럽다.
성취의 기쁨과 보람을 느낀다.	불쾌함과 후회가 남는다.

2. 방학을 잘 보내기 위한 제언 몇 가지

1) 날짜의 흐름을 읽어라

좋은 방학계획을 세워 놓았더라도 예상하지 못한 일이 발생하거나 생각과는 달리 목표의 달성에 차질이 생기는 것은 충분히 일어날 수 있는 일이다. 방학을 잘 보내려면 이러한 상황에 효과적으로 대처할 수 있어야 한다. 이를 위해서는 방학계획을 진행해 나가면서 날짜의 흐름을 읽어내고 그 흐름에 따라 일정 기간별로 계획과 실행의 상태를 점검하고 필요하다면 계획의 수정을 해 나갈 수 있어야 한다. 아무리 훌륭한 계획을 수립했다 하더라도 상황이 그 목표의 달성을 불가능하게 만든다면 그 계획은 더 이상 아무런 의미가 없기 때문이다.

2) 계획의 실천은 여유롭게 하라

계획의 실천은 편안하게 그리고 여유롭게 하여야 한다. 일시적으로 목표 달성에 미달한데 대해서 안달하지 말자. 자신의 게으름을 반성은 하되 그것이 의욕을 꺾는 것이어서는 안 된다. 누구에게 보여주기 위한 것이 아니라 스스로에게 충실하기 위한 것임을 잊지 말고 의연하게, 여유롭게, 그리고 꾸준히 계획을 실천해 나가자.

3) 새 학기의 준비를 하라.

방학을 어떤 내용으로 채우건 한 가지 분명한 것은 그것이 다음 학기를 대비하기 위한 것이라는 점을 잊지 말자. 여러분의 대학생활은 한 번의 방학으로 끝나는 것이 아니다. 공부를 하건, 돈 벌이를 하건, 자기계발을 하건 그 모든 것들이 다음 학기의 활기차고 의미있는 생활을 하기 위한 준비였음을 항상 명심하자.

제3편 대학에서 공부 방법

제8장 수업 중에 해야 할 일

<교수-학습계획안>

<table>
<tr><td>주제</td><td colspan="5">수업 중에 해야 할 일 - 교재읽기, 수업경청, 효과적인 노트필기</td></tr>
<tr><td>학습 목표</td><td colspan="5">1) 전공에 대한 심층적인 이해를 높여서 전공분야 전문인의 소양을 기른다.
2) 대학 생활의 가장 중요한 부분인 전공성적을 높이는 공부방법을 효율적으로 습득한다.
3) 대학 전공성적을 높일 수 있는 공부방법을 교재읽기, 수업경청, 효과적인 노트필기 부분으로 나누어 체계적으로 숙지한다.</td></tr>
<tr><td rowspan="2">학습 단계</td><td rowspan="2">학습내용</td><td colspan="2">교수-학습 과정</td><td rowspan="2">시간 (분)</td><td rowspan="2">자료 및 유의점</td></tr>
<tr><td>교수</td><td>학생</td></tr>
<tr><td>도입</td><td>학습목표 소개</td><td>1) 수업 학습목표를 소개
2) 핵심 개념을 소개
3) 핵심 개념과 관련된 강의 후 토론 문제 소개</td><td>- 질문하기</td><td>5</td><td>PPT</td></tr>
<tr><td rowspan="4">전개</td><td rowspan="3">교재읽기, 수업경청, 효과적인 노트필기에 대한 실천방법 소개</td><td>* 교재읽기
- 주교재 미리 예습하기
- 관련 자료/ 참고문헌 미리 예습
- 수업시간에 교재 가져오기
- 수업한 내용은 다시 한 번 복습
- 예습/복습에 대한 교수 자신의 경험 소개</td><td>- 활동지 작성하기
: 질문하기</td><td>10</td><td>활동지 8-1,2,3</td></tr>
<tr><td>* 수업경청
- 수업시간에 앞자리에 앉기
- 담당교수와 시선 교환하기
- 발표 열심히 하기</td><td>- 활동지 작성하기
: 질문하기</td><td>10</td><td>활동지 8-1,2,3</td></tr>
<tr><td>* 효과적인 노트필기
- 각 과목별 노트 만들기
- 각 강의별 주제/개념 관련 사례 기록</td><td>- 활동지 작성하기
: 질문하기</td><td>5</td><td>활동지 8-1,2,3</td></tr>
<tr><td>토론유도</td><td>1) 1조당 3-5명으로 토론 조 구성
2) 교재읽기, 수업경청, 효과적인 노트필기에 대한 학생들의 경험 토론 유도</td><td>- 토론하기</td><td>10</td><td>활동지 8-1,2,3</td></tr>
<tr><td>정리</td><td>발표유도</td><td>1) 주제별 조별 1인 발표 유도
(1) 교재읽기
(2) 수업경청
(3) 효과적인 노트필기
2) Best 발표조 선정</td><td></td><td>10</td><td></td></tr>
</table>

〈학습자료〉

학습내용 1. 교재 읽기 (활동지 8-1, 8-2, 8-3)

대학수업에서는 방대한 양의 전공 및 교양서적을 읽고 이해해야 한다. 교재나 논문의 내용을 쉽게 읽고 이해하기 위해서는 읽기에 대한 바른 전략을 익히는 것이 필요하다. 대학에서 사용하는 교재는 어떻게 읽는 것이 바람직한가? Ohio State University의 Robinson, F.는 교재를 잘 이해하고 핵심파악능력을 기를 수 있는 효과적인 독해방법으로 SQ3R 전략을 제안하였다.

〈SQ3R 전략〉

1. 준비단계

1) Survey (개관하기, 훑어보기)

이 단계는 읽을 교재의 내용에 대한 윤곽을 잡고, 포함된 자료들을 세분화하고, 상호 관련짓기 위한 것이다. 개관하기 단계에서 해야 할 일은 다음과 같다.

- 제목들을 훑어보라.
- 각 문단의 첫 문장을 읽어보라.
- 요약부분이 있으면 재빨리 그 부분을 읽는다.
- 그림, 그래프, 도표, 지도 등을 간단히 훑어보라.
- 질문이나 문제가 있으면 읽어보라.
- 3분 이내에 훑어보라

2) Question (질문하기)

질문단계는 앞으로 공부할 내용에 관하여 호기심과 이해를 돕기 위한 단계이다. 예컨대, 문단의 소제목들을 질문형식 (의문문)으로 만들어 보는 것이다. 그렇게 하면 문단 내용에 정신을 집중시킬 수 있기 때문에, 교재를 이해하는데 아주 효과적이며, 스스로 학습해야 할 것이 무엇인지를 분명히 알게 해 준다.

- 큰 제목과 소제목을 의문문 형태로 바꾼다.
- 질문을 너무 잘 만들려고 시간을 많이 소비할 필요는 없다.
- 이 단계도 개관하기 단계처럼 교재의 내용을 읽기 전에 해야 한다.

2. 읽기

3) Read (읽기)

개관과 질문단계가 끝나면 교재의 내용을 읽기 시작한다. 이때는 소설책이나 만화책을 읽듯이 해서는 안 된다. 질문단계에서 만든 질문의 답을 찾아보기 위해 꼼꼼하게 읽어야 한다.

- 읽어야 할 부분을 내용조직에 따라 몇 덩어리로 나눈다. 복잡하고 어려운 내용을 이해하려면 정신적 에너지가 많이 소모되므로 어디까지 읽은 후에 휴식을 취하겠다는 계획을 세운다.
- 먼저, 읽을 부분의 각 문단 첫 문장과 마지막 문장을 읽는다.
- 주요 아이디어와 관련 사항을 뽑아낸다.
- 그림과 도표를 확인한다.
- 반복되는 용어나 개념의 뜻을 명확하게 파악한다.
- 질문에 답하기 위해서 읽는다(읽는 목표를 분명히 하라).
- 언제, 어디서, 누가, 무엇을, 어떻게, 왜라는 질문에 답할 수 있도록 읽는다(6H1W 원칙).
- 질문에 대한 답은 문단이나 소제목 내용을 읽고 난 다음에 하라.
- 질문과 관련된 요점은 밑줄을 긋거나 표시를 하라.
- 질문에 대한 답이 문단에 제시되어 있지 않으면, 문단 옆의 여백에 자기 말로 바꾸어 적어라. (여백 활용하기)

3. 읽은 후

4) Recite/Review (암송과 복습)

책을 읽고 난 후 앞에서 했던 질문과 해답을 모두 암송해 본다. 책을 보지 않고 요점들을 자신의 말로 표현해 본다. 또한 중요한 요점을 떠올리고 이들 요점간의 상호관계를 정리하기 위하여 자신의 노트를 훑어보고 세부 내용을 기억하고 있는지를 확인한다.

- 교재를 덮고 읽은 것에 대한 주요 내용을 자신만의 언어로 말해보거나 적어본다(매우 중요).
- 특히 Q단계에서 만든 질문에 대한 답을 말로 설명한다.
- 읽은 내용이나 질문사항을 말로 하거나 쓰면서 요약하고 정리해 보자(여백을 활용하여 정리).
- 내용을 정리하는 개념지도(concept map)를 그린다.
- 지금까지 공부한 내용을 약 5분 이내에 다시 한 번 훑어본다.

5) Reflect (생각하기)

생각하기는 학습한 내용을 머리 속에서 정리하는 것이다. 머리 속에 정리하는 것은 이해를 바탕으로 해야 한다. 제대로 이해해서 정리하지 않으면 회상하기가 어렵기 때문이다.

- 전체 장의 내용을 큰 그림으로 그리고 세부사항을 연결한다. 즉 그 장에서 다루는 개념, 아이디어, 문제가 무엇이며 어떻게 연결되는지 검토한다.
- 교수님이 강조한 내용이나 밑줄 친 내용을 중점으로 기억한다.
- 교재에서 다룬 내용들이 지난 시간 혹은 다른 과목의 특정 내용과 어떤 연관이 있는지, 혹은 어떻게 실생활, 실제, 현장에 적용될 수 있는지를 생각해 본다.

학습내용 2. 수업 경청하기 (활동지 8-1, 8-2, 8-3)

중고등학교 시절의 수동적인 수업참여와는 달리 대학에서는 학습자의 보다 능동적인 학습참여가 필요하다. 대학 강의에 대해 실망을 했다면 아직은 너무 이르다. 어떻게 수업을 듣는가에 따라 학생의 학점과 미래가 달라질 수 있다. 강의내용의 충실한 이해를 위해서는 적극적인 듣기가 필수이다. 열심히 듣는 학생의 태도에 교수님들도 긍정적인 피드백을 받고 열심히 강의하게 된다. 정적이면서도 역동적인 강의를 만드는 시작이 바로 '경청하기'이다.

듣기와 경청하기에는 차이가 있다. 듣기는 단순히 귀를 통해 소리를 인지하는 행위이지만 경청하기는 상대방이 말하는 내용을 신중히 선택하여 그 단어와 문장의 내용을 뇌가 처리하도록 하는 것이다. 그러므로 경청하기는 수업에서 그대로 학습으로 이어지게 된다.

1. 수업의 구조 이해하기

대부분의 수업은 다음 5단계로 이루어진다.

- 도입: 대부분의 교수님들은 학생들의 주의를 집중시키는데 활용하고 있다.
- 주제 알리기: 지난 시간에 다룬 내용과 이번 시간에 다룰 내용을 알려주는 중요한 시간이다.
- 본 수업: 중심개념을 제시하고 각각에 대한 세부 내용을 전개해 나가는 시간이다. 이때 교수님들은 요점을 제시한 다음 세부 내용을 전개해 나가는 '연역법'과 세부 내용을 전개한 다음 요점을 제시하는 '귀납법'을 주로 사용한다.
- 요약: 수업의 요점이 다시 진술된다. 예를 들어, 교수님이 "자, 지금까지의 내용을 요약하자면..."이라고 하실 때 노트를 덮어서는 절대 안 된다.
- 사족: 학생들의 관심을 모으고, 과중한 정신적 부담을 덜어주기 위한 시간으로 수업 주제와 혼돈해서는 안 된다.

2. 능동적인 듣기로서의 경청하기 전략

다음 사항은 능동적인 듣기의 실천방법이다.

- 교수님의 눈을 바라본다. 교수님과 눈을 맞춤으로써 수업 중에 해야 하는 과제에 집중할 수 있으며, 보다 적극적으로 수업에 임할 수 있게 된다.
- 수업 내용의 전달방법이 아니라 내용 그 자체에 초점을 두어야 한다.
- 주의산만하게 행동하지 않는다.
- 듣기를 정신적 도전으로 여긴다. 학문적 강의를 듣는 것은 수동적인 행위가 아니기 때문에 아무런 준비없이 가만히 앉아 들어서는 안 된다. 강의를 들을 때에는 정신적 도전의식을 가지고 능동적으로 참여해야 하며, 중심 아이디어뿐만 아니라 그것을 지지하는 관련된 상세한 요소들도 잘 들어야 한다.
- 스스로 질문을 하면서 적극적으로 임한다. 긴장감을 늦추지 말고 수업내용에 대해 끊임없이 생각해야 한다.
- 아는 것은 의식적으로 듣고 보는 것에서 시작한다.
- 이해가 되지 않는 것은 질문한다.
- 정돈이 잘 된 노트를 만든다.

학습내용 3. 노트필기하기 (활동지 8-1, 8-2, 8-3)

수업을 들으면서 강의노트를 작성한다는 것은 세 가지 행위 (듣기, 생각하기, 쓰기)를 동시에 해야 하는 복합적인 활동이다. 대부분의 교수님들은 충분한 설명과 자세한 내용을 첨가하여 교재의 자료를 소개, 또다른 해석을 제시하여 교재를 보충하므로 노트 필기는 공부에 꼭 필요한 활동이다.

노트필기는 다음과 같은 이점이 있다.

- 교수님이 제시하는 내용을 이해하는데 도움이 된다.
- 노트필기는 수업에 집중할 수 있도록 돕는다.
- 노트 필기는 교수님이 어떤 정보가 중요하다고 생각하는지에 대한 실마리를 제공해 준다.
- 시험공부에 도움이 된다.
- 노트 필기는 다른 어느 곳에서도 찾아낼 수 없는 정보를 포함하고 있는 경우가 많다.

1. 노트필기 요령 (코넬 대학교 추천 방법)

수업 중에는 경청과 동시에 필기를 진행하게 된다. 필기의 방법에는 여러 가지가 있는데, 코넬대학의 Study Center에 있는 Walter Pauk 교수는 전통적인 노트 필기 방식과는 다른 논리적이면서 기억하기 쉽도록 하는 필기 방법을 제시하였다. 이러한 노트 필기 전략은 5R로 이루어져 있다.

1) 기록 (Record)

교수님의 강의나 칠판에 쓰는 내용을 경청하면서 노트에 적습니다.

2) 축약 (Reduce)

강의에서 전체적인 것과 세부적인 것을 구분하여 필기한다. 또한, 중요한 단서를 확인하고 요점을 파악하여 밑줄을 긋고, 단서란에 질문을 기록한다.

3) 암송 (Recite)

강의내용이 생생하게 기억될 때 노트왼편에 남겨둔 여백에 핵심단어나 단서를 적어서 복습할 때 활용한다.

4) 반성 (Reflect)

완전히 이해하기 위해서 필기한 내용을 곰곰이 다시 생각해 본다.

5) 복습 (Review)

기억을 암기를 위해서는 반복적인 복습이 필요하다. 이때 노트 왼편의 여백에 적어놓은 핵심단어나 단서를 보고 왼편의 내용을 기억해 내는 방법이 효과적이다.

2. 수업시간 중에 활용하면 좋은 노트필기 전략

- 가능하면 앞쪽에 앉도록 하자. 잘 들리고 보이기 쉬운 장소를 택하자.
- 날짜와 수업의 제목이나 주제를 적고 번호를 매긴다. 이전에 노트한 것을 확인하며 여러 과목을 한 곳에 노트하지 말고 서로 구분하여 두도록 하자.
- 잘 듣고 핵심 내용을 중심으로 기록하자. 강의노트를 잘 하려면 효과적으로 들어야 한다.
- 속기사가 되지는 말자. 교수님이 말씀하시고 있는 모든 내용을 다 기록하려고 들지 말라. 교수님이 말하는 내용의 의미에 주의를 기울이고 강의의 골자를 이루는 핵심적인 내용을 중심으로 기록하면 된다.
- 들은 후에 필기하자. 모든 것을 말로 받아 적으면서 배우는 것은 쉽지 않은 일이다. 교수님의 말보다는 자신의 말로 이해해서 중요한 내용을 중심으로 적으려고 노력해야 한다.
- 교수님이 칠판에 필기하는 내용은 되도록 적는 것이 좋다.

- 알기 쉽게 쓰도록 하자. 나중에 노트한 것을 읽을 때에 곤란을 겪지 않도록 페이지의 한 면만을 기록하는 것이 좋다.
- '코넬필기시스템'을 활용해보자. 노트의 한 구석을 남겨두고 질문이나 주요 아이디어 목록, 나중에 도움이 될 만한 주석들을 적어 두는 것이다.
- 용어의 정의는 되도록 정확히 기록하자. 용어, 개념이 가장 기본이자 이행의 바탕이 되는 중요한 내용이다.
- 교수님이 칠판에 적는 표, 그림 및 기타 도표 등은 대부분 베껴 두는 것이 좋다.
- 혼돈되기 쉬운 추상적인 개념들을 다르게 설명하는 예들은 반드시 기록해 두자.
- 이름, 날짜, 장소, 공식, 등식, 법칙 등을 정확히 기록했는지 확인하자.
- 교수님이 설명을 반복하거나 칠판에 적거나 혹은 설명을 보충함으로써 강조하는 부분에는 항상 주목하자.
- 이야기, 예시, 주요 주제와 비주제 사이의 차이점을 구분하려고 노력하자. 중요한 부분의 언어적, 시각적 단서를 찾아보자.
- 수업시간에 특히 강조되는 내용에 별표와 같은 기호 또는 밑줄을 사용하자.
- 자신의 생각과 교수님의 생각을 구분하여 두도록 하자. 자신의 아이디어나 의문을 적어두는 것은 강의에 주목하는 아주 좋은 방법이다.
- 나중에 노트한 것을 분명히 하고 보충할 수 있도록 충분한 여백을 남겨 두자. 만약 중요한 점을 빠뜨렸다고 생각하면 친구나 교수님에게 물어서 적어 놓는다.
- 수정하거나 첨가할 공간을 남겨 두자. 교수님이 말한 것을 놓쳤다는 생각이 든다면 노트에 공간을 남겨두고 수업이 끝난 후에 친구의 노트를 보고 비교를 하거나 수업 내용을 더 읽은 후에 채워 넣도록 한다.
- 적을 수 없다면 녹음을 하는 것도 유용한 방법이다. 물론 교수님의 동의를 구해야 한다. 교수님들 중에는 녹음하는 것을 꺼리지 않는 경우도 있으므로 녹음하는 것이 가능한지 물어보고 가능하다면 녹음하는 것도 좋다.

제9장 시험 대비 전략

<교수-학습계획안>

<table>
<tr><td>주제</td><td colspan="5">올~인, 올~A+,
– 시험 후 누구보다 활짝 웃기 ! 대학교 시험 대비 전략</td></tr>
<tr><td>학습
목표</td><td colspan="5">- 대학 생활의 가장 중요한 부분인 전공성적을 높이는 공부방법을 효율적으로 습득한다.
- 대학 전공 성적의 체계적 관리를 위한 시험대비 전략을 세울 수 있다.</td></tr>
<tr><td rowspan="2">학습
단계</td><td rowspan="2">학습내용</td><td colspan="2">교수–학습 과정</td><td rowspan="2">시간
(분)</td><td rowspan="2">자료 및
유의점</td></tr>
<tr><td>교수</td><td>학생</td></tr>
<tr><td>도입</td><td>학습목표
소개</td><td>- 수업 학습목표 소개
- 핵심 개념 소개
- 핵심 개념과 관련된 토론문제 소개</td><td></td><td>5</td><td></td></tr>
<tr><td rowspan="4">전개</td><td>시험대비
모둠구성</td><td>* 시험대비 모둠 구성
- 2-3명 시험대비 모둠 인원 구성
- 모둠별 역할 분담
(예, 시험 예상문제 뽑아보기 등)
- 스터디 그룹 시간 약속하기</td><td></td><td>10</td><td>교수자료</td></tr>
<tr><td>시험답안
작성법</td><td>* 시험답안 작성법
- 시험 예상문제 선별하기 (모둠별)
- 시험 모범답안 미리 작성
- 시험 시간 내 답안 작성 연습하기
- 최소 3번 이상 실시 권장
- 시험답안 작성
: 볼펜 작성하기 (인문사회계)
: 계산문제 - 연필 작성 (이공계)
* 짧은 시간에 많은 양 쓰기 연습하기
- 핵심문장을 첫 문장으로 배치
- 관련 사례 뒷 부분으로 작성하기</td><td></td><td>10</td><td>교수자료</td></tr>
<tr><td>시험
심리적
대처법</td><td>* 시험 심리적 대처법
- 생각 다루기: 정신적 요소
- 감정 다루기: 육체적 요소
- 다양한 시험장소 활용하기
: 도서관, 빈강의실, 학교 카페 등</td><td>- 활동지 작성하기
: 함께 이야기 하기</td><td>15</td><td>활동지
9-1</td></tr>
<tr><td>토의하기</td><td>* 1조당 3~5명으로 토의 조 구성
- 시험대비 모둠구성, 시험답안 작성법, 시험공부 장소 정하기에 대한 학생들의 경험 토의 유도</td><td>- 활동지 작성하기
: 함께 이야기 하기</td><td>15</td><td>활동지
9-2</td></tr>
<tr><td>정리</td><td>발표유도</td><td>* 주제별 조별 1인 발표 유도
1) 시험대비 모둠구성
2) 시험답안 작성법
3) 시험 심리적 대처법
* Best 발표조 선정</td><td></td><td>5</td><td></td></tr>
</table>

〈학습자료〉

학습내용 1. 시험대비 모둠구성

시험을 잘 보기 위해서 효과적으로 준비할 수 있는 방법은 마음에 맞는 친구와 모둠을 구성하는 것이다. 시험대비 모둠은 2~3인 정도가 적절하다. 성격이 본인과 다르더라도 책임감있고 성실한 친구가 시험대비 모둠을 구성할 때 우선적으로 고려되어야 한다.

일단 모둠이 구성되면 모둠 구성원들의 시험대비 역할을 정하는 것이 효율적이다. 각 과목별 시험예상문제를 뽑아 본다거나 노트필기 자료나 시험대비 참고자료를 분담해서 모으는 역할을 정하는 것이 좋다. 시험대비 모둠은 벼락치기 공부보다는 학기 초부터 체계적으로 운영하는 것이 좋다. 모둠 구성원들의 역할은 서로 의논을 하여 역할을 찾아보고 지속적으로 다양한 역할을 수행해보도록 한다.

*** 모둠별 시험 준비하기**

1) 시험 준비는 일찍 시작한다.

- 시험 준비는 학기가 시작될 때부터 이루어져야 한다. 평소에 그날그날의 강의 내용을 충분히 복습 해 놓는 것이 가장 효과적인 시험 준비라고 할 수 있으며, 미리 학사일정에서 중간/기말고사 기간을 파악해 놓아야 한다.
- 본격적인 시험 준비는 2주전부터 시작하도록 한다. 대학 강의는 대체로 시험 기간이 정해져 있고, 일반적으로 5-7과목의 강의를 듣기 때문에 적어도 2주 전부터는 시험준비를 시작해야 한다.

2) 시험 준비 계획은 구체적으로 한다.

- 시험에 대한 정보 (일시, 장소, 시험범위, 시험유형 등)를 정확하게 알아둔다.
- 시간을 낭비하지 않도록 목표를 분명하게 세우자. 그리고, 무엇으로 공부해야 하는지 생각하고 미리 준비하도록 하자 (교재, 노트, 인쇄물 등)
- 매일 공부할 분량과 시간을 적어보자. 머리로 생각하는 것보다 적어보는 것이 공부의 목표를 더욱 분명하게 한다.
- 무엇을 먼저 해야 할지 우선순위를 정한다.
- 미루지 않도록 실행가능한 계획을 세우자. 이런저런 이유로 미루다보면 나중에 한꺼번에 해야 한다. 또한 계획했던 공부를 하려면 계획했던 시간의 두 배가 걸리므로 시간적 여유를 가지고 실천가능한 계획을 모둠 구성원들과 의논하여 세우도록 하자.
- 공부시간은 짧게, 여러 번씩 한다. 공부 시작 후 50분이 지나면 집중력이 떨어진다. 최대 공

부시간은 50분을 넘지 않도록 하고 휴식시간을 10분 가지도록 한다. 또 반복학습이 중요하다. 시험범위를 최소 두 번 반복하여 공부할 수 있도록 계획을 세워야 한다.

3) 시험에 대해 가능한 많은 정보를 수집한다.

- 교수님에 따라서는 학생들의 시험 준비를 돕기 위해 시험범위, 출제형식, 중요한 내용, 주요 채점기준, 답안작성요령 등의 시험에 대한 여러 가지 정보를 알려주는 경우가 있다. 특히 이런 정보는 시험 직전 수업시간에 알려주는 경우가 많으므로 꼭 기억하여 메모를 해 둔다.
- 또한 채점한 시험지를 다시 학생들에게 돌려주는 교수님도 있으므로, 선배들의 도움을 받아 교수님의 출제경향이나 채점기준에 대한 정보를 수집하는 것도 도움이 된다.

4) 시험 준비가 잘 되었는지 점검한다.

- 시험준비가 어느 정도 되었다고 생각하면, 모둠 구성원들과 함께 구두로 질문하고 답하기를 하거나, 연습 시험지를 만들어 함께 모의시험을 쳐 보는 것이 좋다. 이때 시험시간이 50분이면 50분을 정해놓고 실제상황처럼 모의시험을 쳐 본다.

*** 알아두면 좋은 전공 공부법**

1) 노트 작성

- 처음 공부하는 사람은 서브 노트를 만들지 않는다. 대신 교재와 포스트 잇을 이용하여 학습 내용을 정리하며 교재를 충분히 반복적으로 읽는데 중점을 둔다.
- 반드시 암기가 필요한 내용을 작은 노트를 이용하여 정리하고 수시로 암기한다.
- 전공과 교육학 영역별 개요도 노트를 만들어 매일 전체 내용을 졸린 시간이나 취침 전을 이용하여 꾸준히 읽는다.
- 효과적인 공부 방법을 수첩을 이용하여 메모한다.
- 매일 일기를 작성한다 : 학습진도 및 성과, 그 날의 문제점, 앞으로의 계획, 공부하며 느낀 점, 자신에 대한 생각 등등

2) 참고 문헌의 이용 방법

- 일단 교재는 한권씩 구입한다.
- 참고 문헌은 전공 교재의 내용 중 어려운 부분 이해가 더 필요한 부분 등을 공부할 때 사용하며 되도록 도서실 등을 이용하여 자신의 책 이외에 다른 저자가 쓴 책도 동시에 함께 살펴보는 방식으로 읽어 나간다.

3) 논술

- 주제별 주요 내용을 구성 요소별로 정리한다.
- 문제를 만들어본다.
- 문제에 따른 개요도를 핵심 개념을 이용하여 중심 문장으로 구성한다.

- 1200자 원고지를 이용하여 서술한다.
- 재고하여 수정한다.
- 다른 사람과 교환하여 읽어보고 서로 수정해주고 각자 수정 이유에 관해 토론한다.
- 원고를 맞춤법, 띄어쓰기 까지 점검한 후 최종적으로 A4 용지를 이용하여 정리한다.

4) 다시 공부하는 사람

- 자신이 시험에 떨어진 이유 분석하기
- 학습 방법상의 문제점 찾아보기
- 취약 영역을 찾아 체계적으로 공부하며 대비하기
- 자신감을 가지고 즐겁게 공부하기

학습내용 2. 시험 답안 작성법

학생들은 시험을 통해 수강하고 있는 과목을 이해하는 능력이나 과제를 수행하는 능력을 입증해야 한다. 대학 교육에서 단 몇 시간 동안의 시험이 학생의 실력을 평가하는 데 많은 비중을 자치한다. 시험을 잘 치루는 데는 다른 무엇보다 실력이 중요하지만, 종종 시험 당일의 학생의 태도나 몸 상태와 같은 환경적 요인, 제한 시간 내에 시간을 분배하는 방법 등의 기술이 영향을 미치기도 한다.

1) 준비를 철저히 하고 시험 시간보다 일찍 도착한다.

- 연필, 볼펜, 사전, 시계 등 필요한 모든 도구를 가져온다. 준비 미흡으로 인한 불안은 시험을 망치게 할 수도 있다.
- 되도록 앞자리에 앉도록 하자. 다른 학생들의 행동에 방해받지 않고 시험에 집중할 수 있다.

2) 편안한 마음과 자신감을 유지한다.

- 준비를 많이 했고 그래서 잘 할 수 있을 거라는 사실을 스스로에게 상기시키자. 초조해하지 말아야 한다. 시험 전 혹은 시험을 치르는 동안에 초조한 기분이 들면 천천히 심호흡을 하면서 긴장을 풀어 준다.

3) 시험지를 받으면 우선 전체를 훑어본다.

- 시험지를 받으면 먼저 학번과 이름을 쓰고, 시험지 전체를 살펴본다. 문제의 수, 난이도, 문제 순서, 출제 내용, 문제 순서와 내용의 연관성, 요구하는 답의 형식, 배점 등

을 파악하면 시험에 대한 감을 잡을 수 있다. 시험 시간의 총 10%는 시험 문제를 훑어보는데 투여한다.

- 또한, 전체를 훑어보면 힌트도 얻을 수 있고, 시간 배분도 적절히 할 수 있다. 또한 시험에 대해 파악이 되면 좀 더 편한 마음으로 시험에 응할 수 있다.

4) 시험시간을 배분한다.

- 전체 시험 시간을 고려하여 한 문제당 몇 분의 시간을 할애할지 계산하고, 할당된 시간에 맞춰 풀도록 노력한다. 특히, 서술형의 경우 문제의 배점에 비례해서 시간을 배분한다.
- 쉬운 문제, 아는 문제부터 푼다. 처음부터 어려운 문제에 시간을 소비하면, 시간에 쫓겨 쉬운 문제도 풀지 못하는 경우가 생기게 된다. 어렵고 시간이 필요한 문제가 나오면 표시를 하고 다음 문제로 넘어가도록 한다.
- 마지막 10% 정도의 시간은 남겨두었다가 다시 한 번 검토한다. 시험문제를 다 풀자마자 재빨리 시험장을 뜨고 싶은 마음이 생겨도 참도록 한다. 쓰다 만 문제나 빠뜨린 것 없이 모두 다 풀었는지 다시 한 번 확인한다. 철자나 문법, 맞춤법 등에서 틀린 것은 없는지 살펴보고 수정한다. 수학 시험의 경우는 부주의한 실수로 답을 잘못 쓴 게 없는지 확인한다(소수점을 잘못 찍었는지, 암산한 답과 맞는지 다시 한 번 확인해 본다).

5) 전략적으로 답안을 작성한다.

- 자신이 알고 있는 쉬운 문제부터 답안을 작성하고, 그 다음에는 가장 배점이 높은 문제부터 답안을 작성한다. 제일 늦게 답을 써야 하는 문제는 가장 어려운 문제, 또는 작성해야 할 양이 가장 많은 문제, 배점이 가장 낮은 문제라야 한다.
- 출제자의 의도를 파악한다. 문제 속에 출제자의 의도가 포함되어 있는 경우가 많기 때문에, 문제를 잘 읽고 의도를 파악하여 요구하는 답을 적도록 한다.

*** Open Book (오픈 북)에 대한 상식**

Open Book 시험이라고 해서 특별히 시험 준비를 덜 해도 되거나 "수업시간에 들어가서 교재를 참고하여 풀면 되겠지"하는 생각은 금물이다. Open Book 시험은 학생들이 복잡한 수식과 차트를 의미없이 외우는데 시간을 낭비하지 않도록 하기 위한 것이다. 또한 한정된 시간 안에 문제를 해결하기 위해서는 교재를 찾고 살펴볼 시간이 충분하지 않다. Open Book에서의 몇 가지 팁은 다음과 같다.

- 너무 많은 참고서적을 가지고 가지 않는다. 일반적으로 수업 중 필기와 주교재 정도로 충분하다.
- 중요한 부분은 미리 표시해 둔다. '포스트 잇' 등을 이용하여 필요한 내용을 한 번에 찾을 수 있도록 한다.
- 이해하지 못하면 풀 수 없다. 책을 찾는다고 이해하지 못한 내용의 문제를 풀 수 있는 것은 아니다. 시간을 허비하지 않는다.

*** 밤 새면서 시험공부하기**

밤새면서 시험공부를 하는 것은 가끔은 어쩔 수 없이 해야 하지만 되도록 피해야 할 학습방법이다. "저는 중간고사도 기말고사도 시험치기 전날 밤새고 공부했습니다. 이렇게 열심히 했는데 성적이 잘 안 나옵니다"라고 말하는 학생이 있다. 시험공부는 평소에 적절한 시간분배에 따라 지속해온 공부를 마무리 하는 시간이 되어야 한다. 더구나 시험 전날 밤을 샐 경우 다음날 집중하기 힘들고, 피곤해지는 것은 당연하다. 또한 그렇게 공부한 내용은 오래 기억하기 힘들며 그 내용을 잘 기억해서 활용할 수도 없을 것이다.

심리학자들도 한꺼번에 하는 연습보다 조금씩 나눠서 (며칠 혹은 몇 주)하는 공부가 학습자에게 더 효과적이고 오래간다고 한다.

학습내용 3. 시험 심리적 대처법

시험 기간 동안 얼어붙고 대답을 알면서도 문제에 실수를 한다면 여러분은 시험 불안으로 고통받고 있는 것이다. 시험 전에 적절한 긴장은 좋은 것이다. 아드레날린이 과다하게 분비되어 설레면서 가슴이 두근거리는 것은 여러분의 인식을 예리하게 하고 주의 상태를 유지하게 한다. 그러나 때때로 긴장은 지속적이고 극단적이어서 수면 부족, 식욕 부진, 탈모를 일으키기도 한다. 이런 긴장은 좋지 않다. 그것은 시험불안의 증상으로 시험 동안에서 여러분의 최상의 수행을 가로막게 된다. 다른 증상으로는 신경증, 공포, 불안, 흥분, 짜증, 무기력감 등이 있다.

1) 생각 다루기: 정신적 요소

① "그만"이라고 외친다.

마음이 걱정으로 어지러울 때, 통제할 수 없이 돌아갈 때, 심적으로 크게 외친다. "그만!" 이런 행동은 잠시나마 걱정의 순환고리를 끊게 해 준다.

② 성공을 시각화한다.

걱정의 순환고리를 멈추고, 자신이 성공한다는 것을 반복하여 생각할 시간을 갖는다. 구체적이며 시각적인 세부적 그림, 행동 또는 소리도 만드는 것이 좋다.

③ 구체적인 목표에 여러분의 초점을 맞춘다.
구체적인 공부내용에 주의 집중한다. 책상의 표면을 만져보고, 그 촉감을 인식해 본다. 모든 주의를 한점에 집중해 본다.

④ 자기 자신을 칭찬한다.
긍정적인 방식으로 여러분 자신에게 말한다. "나는 매우 편안하다. 나는 시험에서 좋은 성적을 올릴 것이다"라고 말한다.

⑤ 최악의 상태를 고려해 본다.
걱정을 멈추고자 하기보다 일어날 수 있는 최악의 상황을 생각해 본다. 불합리의 한도까지 두려움을 취해 본다. 스스로에게 다음과 같이 말할 수 있다. "내가 시험에 실패한다면, 나는 이 코스를 실패하게 된다. 장학금도 잃게 되고, 학교로부터 내쫓기고, 그 후에는 직업을 얻을 수 없을 것이다." 이렇게 최악을 예견한 다음에 합리적인 생각이 들 때까지 다시 거슬러 올라갈 수 있습니다. 객관적인 사실은 우리가 최악이라고 두려워하는 것만큼 나쁘지 않다는 것이다.

2) 감정 다루기: 육체적 요소

① 호흡
자신의 호흡에 주의를 둠으로 여러분의 몸 안의 신체적 감각을 가라앉히게 할 수 있다. 폐에 들어오고 나오는 호흡에 집중한다. 여러분의 코와 입을 통해서 공기가 들어오는 데로 호흡을 경험한다. 이것을 2분에서 5분까지 한다. 여러분이 짧고, 얕은 호흡을 한다고 인식하면, 더 길고 더 깊이 호흡을 하기 시작한다. 가슴이 나오도록 폐를 가득 채워 본다. 그리고 모든 공기를 내뱉는다.

② 자신의 몸을 활용해 본다.
단순히 자각이 여러분의 몸에서 긴장을 감소시키는 효과적인 기법이다.
편하게 앉아서 눈을 감는다. 그리고 발의 근육에 주의를 둔다. 그것들이 이완되는지 지켜본다. 발의 근육에게 그들이 이완될 수 있다고 말한다. 발목까지 움직이고 그 절차를 반복한다. 근육에 이완하라고 말하면서 여러분의 종아리와 장딴지 그리고 엉덩이로 올라간다. 아래 등, 횡경막, 가슴, 윗등, 목, 어깨, 턱, 얼굴, 위, 팔, 아래 팔, 손가락, 머리에도 동일하게 해 본다.

③ 긴장과 이완
여러분의 어깨가 긴장한다면 어깨를 뒤로 잡아당깁니다. 등을 아치로 만들고 여러분의 어깨 근육이 훨씬 더 팽팽하게 긴장하게 한다. 그리고 나서 이완한다. 같은 과정을 팔, 다리, 복부, 가슴, 얼굴, 목에 사용할 수 있다. 한꺼번에 여러분의 주먹을 꽉 쥐고 턱을 잡아당기고 다리에 힘을 주고 복부를 긴장시킨다. 그리고 나서 이완시킨다.

④ 유도된 상상을 사용한다.
완벽하게 이완시킨 후 빠른 환상 여행을 떠난다. 눈을 감고 몸을 이완시킨다. 그리고 아름답고 평화롭고 자연스러운 환경을 상상한다. 할 수 있는 한 평화로운 광경을 만든다.

3) 다양한 시험장소 활용하기 : 다양한 분위기로 지루함 극복하기

시험공부를 하는 장소를 다양하게 바꾸면서 공부에 대한 지루함을 극복할 수 있다.

- 장소1: 도서관 (칸막이 열람실, 토론 가능한 열람실 등)
- 장소2: 빈 강의실
- 장소3: 학교 주변 카페

* 활동지 9-1

※ 주제에 맞는 자신의 실천했던 방법에 대해서 자유롭게 써봅시다.

1. 시험대비 모둠 구성
1) 4명의 스터디 원이 주 1회 스터디 모임을 가졌다. 2) 스터디 그룹만의 그룹 달력을 만들어 스터디 계획을 공유하였다. 3) 스크랩원을 각각 정하여 스크랩 후 공유하였다 (신문, 잡지, 사설, 뉴스)
2. 시험답안 작성법
1) 시험 답안 작성 전 외웠던 답안의 개요틀을 간략히 적는다. 2) 생각이 안나는 문제는 나중에 적기위하여 공간을 남겨둔다.
3. 시험 심리적 대처법
1) 시험 시작 전 기도를 한다.

* 활동지 9-2

※ 주제별 항목에 대한 상대적 순위를 매겨 봅시다.

1. 시험공부 방법

- 시험정보를 파악한다. 시험일시, 시험범위, 시험유형 등을 확실히 파악한다. (3)
- 교재내용을 이해한다. 주제, 개념, 공식, 핵심내용 등을 중심으로 암기보다는 이해한다. (1)
- 기출문제를 활용한다. 기출문제는 출제경향과 핵심내용을 파악할 수 있는 좋은 자료이므로 기출문제를 구해 활용한다. (2)

Today's words

"만일 내가 '나는 할 수 있다'고 믿는다면, 나는 분명 그것을 해낼 만큼의 힘을 얻을 것이다. 비록 처음에는 그만한 힘을 갖고 있지 못하다 할지라도!" - 간디 -

제10장 리포트 작성

〈교수-학습계획안〉

<table>
<tr><td>주제</td><td colspan="5">리포트 작성하기</td></tr>
<tr><td>학습
목표</td><td colspan="5">성공적인 학업의 기본 요소인 리포트 작성방법을 익힌다.</td></tr>
<tr><td rowspan="2">학습
단계</td><td rowspan="2">학습내용</td><td colspan="2">교수-학습 과정</td><td rowspan="2">시간
(분)</td><td rowspan="2">자료 및
유의점</td></tr>
<tr><td>교수</td><td>학생</td></tr>
<tr><td>도입</td><td>도입설명</td><td>- 수업 학습목표를 소개
- 핵심 개념 소개
- 핵심 개념과 관련된 강의 후 토론문제 소개</td><td>- 설명을 듣는다.
- 학습목표를 이해한다.</td><td>10</td><td>교수자료</td></tr>
<tr><td rowspan="4">전개</td><td>리포트
자료 준비</td><td>- 리포트 자료 준비하는 법을 지도.
- 전자도서관 사용법 안내.
- 자료 분류방법 지도.</td><td>- 전자도서관 사용법 숙지
- 자료 분류하는 법을 익힌다.
- 기관답사가 필요한 경우는 담당자를 찾아 인터뷰 날짜를 정하기</td><td>10</td><td>활동지
10-1</td></tr>
<tr><td>리포트
작성</td><td>- 리포트 작성 방법 지도
- 목차 정하는 방법 지도
- 서론, 본론, 결론 구조 지도</td><td>- 목차 정하는 방법을 익힌다.
- 서론, 본론, 결론의 구조를 만드는 방법을 익힌다.</td><td>5</td><td>활동지
10-1</td></tr>
<tr><td>리포트
수정</td><td>- 리포트 수정 지도
- 리포트의 내용, 맞춤법, 철자 등을 반드시 5번 이상 교차 수정하도록 지도.</td><td>- 리포트 수정 방식을 익힌다.</td><td>10</td><td>활동지
10-1</td></tr>
<tr><td>토론</td><td>- 1조당 3-5명으로 토론 조 구성
- 학생들의 리포트 작성방법에 대한 경험 토론</td><td>- 리포트 작성연습 결과를 발표한다.</td><td>10</td><td>활동지
10-2</td></tr>
<tr><td>정리</td><td>리포트
작성의
의미</td><td>- 리포트 작성연습의 소감을 교환하도록 지도.</td><td>- 리포트 작성 경험에 대한 소감을 이야기한다.</td><td>5</td><td></td></tr>
</table>

〈학습자료〉

학습내용 1. 리포트 자료 준비하기

1. 자료 찾기

대학 전공성적을 잘 관리하기 위해서는 리포트를 잘 작성하는 것이 필수적이다. 리포트의 질은 참고하는 자료의 수준과 비례한다. 좋은 자료를 모으기 위해서는 다양한 경로를 활용하는 것이 권장할 만하나 가장 기본적인 자료수집 경로는 학교 도서관이다. 학교의 도서관을 잘 활용하려면 전자도서관 사용법 숙지할 필요가 있다. 전자도서관을 이용할 때에는 찾고자하는 주제의 키워드를 중심으로 관련 자료를 검색한다. 다만 이 검색 목록을 중심으로 자신에게 꼭 필요한 자료를 찾는 일은 그리 쉽지 않다. 우선은 각 자료의 목차나 서론 등을 확인하여 적절한 자료를 선택하는 것이 좋다. 그리고 선택한 자료를 꼼꼼하게 읽고 정리해야 한다.

이외에 인터넷을 통해서도 손쉽게 자료 및 자료 목록을 얻을 수 있다. 그러나 인터넷에서는 가치 있는 자료보다는 불필요하거나 중복되는 자료가 더 많다. 혹은 출처가 불분명한 것들도 다수이다. 그러므로 쓸모 있는 자료를 검색하고 수합하기 위해 적절한 기준이 필요하다. 신뢰할만한 자료를 찾는 첫 번째 기준은 출처의 문제이다. 집필자가 분명히 제시되어 있고, 그 사람이 해당 분야에서 어느 정도 권위나 능력을 인정받는 사람의 것일 때에는 자료로서의 가치를 지닌다. 또는 학술 전문지나 신문 등은 일단 신빙성이 있는 것으로 볼 수 있다.

〈자료 수집〉

자료의 종류	문헌자료	학술논문, 단행본, 신문기사 등
	시청각자료	사진, 동영상 등
자료 수집 장소	도서관	학교도서관, 시립도서관, 국립도서관
	전자도서관	각종 도서관의 전자도서관
	인터넷 검색	yahoo, google 등
자료 수집 방법	학술지	주요 학술지, 일간지 검색
	키워드 검색	키워드 검색

2. 자료 정리하기

좋은 자료를 찾았으면 그 다음 단계는 자료를 정리하는 일이다. 전자도서관의 자료를 책, 보고서, 논문, 시청각 자료로 구분하여 정리하는 것도 좋은 방법이다. 자료정리를 효과적으로 하기 위해서는 독서카드를 활용하는 것이 좋다. 신문에 실린 기사 한 편이든 한 권의 저서이든 일단 자신이 읽은 자료는 직접 정리하는 것이 필요하다. 학생들이 리포트를 쓸 때 범하는 오류 중의 하나가 인용한 자료의 출처를 모르는 경우이다. 이는 단순히 자료를 읽기만 하고 정리를 하지 않아 발생하는 일이다. 어디에서 읽은 것 같기는 한데 어디인지 글을 다 쓴 후에는 기억이 나지 않는다는 것이다. 그러므로 항상 자료를 읽은 후에는 정리할 필요가 있다. 더불어 인간의 기억력이란 한계가 있기 마련이므로 자료 및 리포트의 정확성을 위해서도 자료 정리는 필수적이다.

독서 카드는 대개 두 종류로 정리한다. 하나는 목록 카드이고, 다른 하나는 자료의 내용을 요약한 자료 카드이다. 목록카드에는 저자, 자료 및 서적의 제목, 출처와 관련된 서지사항(출판지, 출판사, 출판연도 등) 등을 기록해 둔다. 자료 카드에는 자신이 참고해야 할 자료의 일부분을 그대로 기록해 두거나(이 때에는 항상 해당 페이지를 적어 두어야 한다), 요약하여 기록하기도 한다. 이 때 해당 기록에 대한 자신의 의견을 적어두면 나중에 직접 글을 쓸 때에 많은 도움이 된다.

〈독서카드〉

독서카드 종류	내용
목록카드	저자, 제목, 출판지, 출판사, 출판연도
자료카드	참고해야 할 내용과 해당 페이지, 요약문

학습내용 2. 리포트 작성

1. 주제 잡기

주제는 한편의 글에서 필자가 주장하고자 하는 핵심 사항을 뜻한다. 글쓰기에서 제일 먼저 주제를 잡아야 하는 것은, 그것이 명확해야 글이 일관성을 지닐 수 있기 때문이다. 포괄적인 주제로부터 출발하여 세부적이고 구체적인 범위로 계속 한정하면서 주제를 작성하는 것이 필요하다. 예를 들어 '여성 취업의 문제점'에 대한 리포트를 작성하고자 할 때 대개 '여성취업'이 주제라고 생각한다. 그러나 이는 주제가 아니라 소재 혹은 제재의 차원이다. 주제는 구체적이어야 한다. 즉 '여성 취업에 있어서 사회적으로는 성차별의 이데올로기가 그리고 개인적 차원에서는 육아가 가장 큰 문제점으로 꼽힌다'는 식의 구체화된 내용이 담겨야 한다.

이와 같이 구체적인 주제를 찾아가는 과정은 참고 자료를 읽고 정리해 가는 과정과도 통한다. 즉, 다양한 자료를 읽고 정리하면서 자신이 쓸 리포트 주제의 범위와 방향이 구체화될 수 있다. 글을 쓰는데 주제문이 완전한 형태로 완성되어 있고, 그에 따라 해당 자료를 찾는다면 특별한 어려움이 없겠지만, 실제 글쓰기에 있어서는 그렇지 않다. 구체화된 주제문조차도 자료를 찾고 정리하고 글쓰는 과정을 거치면서 끊임없이 수정될 수 있다. 또 수정의 과정을 여러 번 거쳐야 더욱 완성도 높은 글이 나오게 마련이다.

2. 개요 작성하기

개요란 자신이 글을 통해 전달하고자 하는 내용을 어느 위치에 둘 것인가를 결정하는 일이다. 일반적으로 개요를 '글의 설계도'라고 하는데 이는 개요가 글의 전체적 구상을 확정짓는 과정이기 때문이다.

〈개요 작성〉

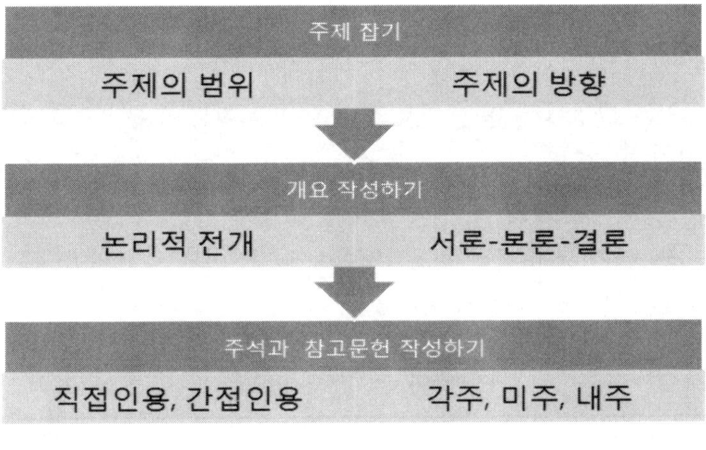

1) 개요 작성의 이점

개요를 작성한 후 글을 쓰면 좀 더 체계적이고 정돈되게 쓸 수 있으며 동시에 전달의 효율성도 높일 수 있다. 학생들의 리포트에서 쉽게 발견할 수 있는 문제 중 하나가 내용의 반복이다. 같은 내용을 담고 있는 문장이나 단락이 자꾸 반복되는 것이다. 이러다 보면 글의 흐름이 점점 발전되어 나가는 것이 아니라 제자리를 맴돌게 된다. 즉 논지의 전개가 분명하지 못하고 이로 인해 결론으로 나아가는 과정에 비약이 엿보이게 된다. 이런 오류는 바로 개요를 짜지 않았기 때문이다. 혹은 개요를 짰다 하더라도 머릿속에 대략적인 구상만 하고 글을 시작했기 때문에 글 쓰는 과정에서 자신의 주장이나 논지가 일관되게 유지되지 못한 결과를 초래한다. 그러므로 개요는 어떤 종류의 글에 있어서도 필수적인 부분이다. 시험 답안지를 작성할 때에도 논리적이고 정돈된 글을 쓰기 위해서는 간략한 개요가 필요하다.

2) 글의 구성

일반적으로 글은 삼단구성이 기본이다. 서론-본론-결론이 그것이다. 글은 들어가는 말이 필요하고 사신의 주상을 펼쳐나가는 중심말이 있어야 하며, 마지막에는 마무리하는 말이 있어야 한다. 이 기본 틀을 바탕으로 하여 본론이 두 가지 갈래로 나뉠 수도 있고, 세 가지 갈래로 나뉘기도 한다. 이는 자신의 글의 종류나 리포트의 성격에 따라 달라질 것이다.

3. 주석과 참고문헌 작성하기

특정 현상을 조사, 정리, 보고하거나 그에 대한 감상내지는 비평을 적어내는 글에서 학생 자신의 생각만을 가지고 리포트를 작성할 수는 없다. 다양한 자료를 참조하여 글을 쓰게 되는데, 이때 특히 주의하여야 할 것은 참조한 자료의 출처를 밝히는 일이다. 이를 밝히지 않을 경우, 단순한 베끼기에만 머무르게 된다. 더욱이 요즘과 같이 다양한 자료를 손쉽게 접할 수 있는 환경에서 인용 자료의 출처 밝히기는 학문적으로 윤리적으로 준수해야 할 사항이다.

인용의 경우 직접적으로 글을 그대로 일정 분량 옮겨 적거나(직접 인용) 혹은 자신의 글 속에 일부를 포함시켜 쓰는(간접 인용) 방법이 있다. 어떤 종류의 인용이든지 간에, 인용 시 그에 따른 주석처리를 해야 한다.

〈인용의 두 가지 방식〉

직접 인용	"정치 효능감이란 자신감을 의미하는 것으로 자신의 능력에 대한 주관적인 평가로 정치적으로 자신의 능력을 인정한다는 의미로 사용된다."(김형준, 2006, 275).
간접인용	김형준은 개인의 신념체계로서의 이념이 정치효능감에 영향을 미친다고 본다(2006, 275).

주석은 크게 세 가지로 나눌 수 있다. 각주, 미주, 내주가 그것이다. 각주는 각 페이지의 하단에 출처를 밝히는 것이고, 미주는 각 장이나 글의 마지막에 일괄하여 주를 정리하

는 것을 뜻한다. 내주는 참고한 자료의 간단한 정보만 밝히는 것으로 대개 반복하여 인용하거나 참조할 경우에 사용된다. 맨 처음 인용 또는 참조 시 각주를 달면서 "앞으로 이 작품에서 나온 인용문의 출처는 인용문 다음에 밝히겠다."고 명시한 후, 이후 인용문이 끝나는 부분에서 괄호 안에 문헌의 명칭과 인용 페이지를 표시하면 된다. 이외에도 내주는 각주 대신 본문에서 간략하게 자료의 출처를 밝히고자 할 때 사용할 수 있는데, 이때는 필자 이름과 출판연도, 인용 페이지를 괄호 안에 쓰면 된다.

참고문헌의 경우 리포트의 마지막 장에 정리하며 다양한 형식이 존재한다. 일반적으로 필자 이름, 제목, 출판연도, 출판장소, 출판사 등의 내용이 들어있다.

〈참고문헌목록 작성 사례〉

- 김형준. 2006. "17대 총선과 세대: 정당 지지 분석을 중심으로", 어수영 편저, 한국의 선거 V - 제16대 대통령선거와 제17대 국회의원선거, 도서출판 오름, 269-300.
- North, Douglass C. 1992. Institutions, Institutional Change and Economic Performance, Cambridge: Cambridge University Press.

학습내용 3. 리포트 수정

1. 리포트 수정하기

어떤 종류의 글이건 다 쓴 후에는 한번 읽으면서 전체적인 측면에서 재검토하는 작업을 거쳐야 한다. 이를 퇴고라 한다. 퇴고는 단순히 틀린 글자나 문장을 손질하는 수준을 넘어서 글 전체를 자신의 의도에 맞추어 재조정하고 전달의 효율성을 고려하여 재배치하는 작업이 되어야 한다. 그러므로 고치기의 순서는 글의 전체 구조에서부터 시작하여 세부적인 작은 단위로 나아가는 것이 좋다. 즉 큰 단위에서 적은 단위로 나가는 것이 적절하다. 다음의 사항을 고려하여 리포트를 수정해 보자.

1) 자신이 처음 설정한 주제가 충분히 드러나고 있는가?
2) 글의 전체적인 구성은 적절한가? 서론, 본론, 결론의 배치와 균형, 내용의 적절성을 검토한다. 이와 함께 나누기와 그것의 연결, 소제목 등이 적당한가를 살핀다.
3) 각 단락 내에서 소주제문을 중심으로 일관되게 기술되었는가를 살핀다.
4) 문체와 문장, 용어, 오자, 부호 등을 살핀다.

2. 표절이란 무엇인가?

현재 대학의 교육 과정에서 가장 문제가 되는 것은 리포트 제출 시 스스로 노력한 결과물 대신 인터넷을 통해 다운받은 자료를 재편집하여 제출하는 것이다. 그러나 대개 학생들이 사용한 어휘만 보아도 그것이 학생의 것인지 아닌지는 금세 드러난다. 더욱이 남의 지식을 베껴 사용하는 것은 교육상 가장 부적절한 행동이다. 다소 부족하거나 혹은 소박하거나 논리상 약간의 오류가 발견된다 하여도 그것은 아직 배우는 과정에서 당연히 나타나는 양상이다. 이런 훈련을 통해 학생은 스스로 자신에게 결여된 부분을 찾고 그것을 채워 나감으로써 필요한 지식도 획득할 수 있으며, 한 사회의 구성원으로 올바르게 성장해 나갈 수 있다.

인터넷을 통하여 필요한 자료의 목록을 확인하고 또한 적합한 정보를 수용하여 기본적인 지식 습득의 과정을 거치는 것은 장려할 만한 일이다. 다만 이 정보들을 자의적으로 해석하거나 자신의 것인 양 함부로 사용해서는 안 된다. 그 정보는 기본 자료로 자기 머릿속에 저장하고 이를 바탕으로 좀 더 발전된 혹은 풍부해진 사고과정에 스스로를 동참시켜야 한다. 그래야 리포트를 쓰는 궁극적인 목적이 달성되는 것이다.

대학은 단지 단순한 지식만을 전수 받기 위한 곳이 아니다. 이곳에서 학생들은 민주적인 시민 사회의 구성원으로서의 기본 소양과 자질을 키워야 한다. 리포트를 작성하는 일에서도 자신의 인격을 스스로 모독하는 일은 없어야 한다. 이렇게 작은 일에서도 정도를 지켜야 정의로운 품성을 키워나갈 수 있다.

표절(剽竊) :

"표절이란 다른 사람이 쓴 문학작품이나 학술논문, 또는 기타 각종 글의 일부 또는 전부를 직접 베끼거나 아니면 관념을 모방하면서, 마치 자신의 독창적인 산물인 것처럼 공표하는 행위를 가리킨다. 표절은 흔히 저작권 침해와 혼동되는 경우가 많지만, 양자는 맥락과 지향이 서로 다르다. 표절은 주로 학술이나 예술의 영역에서 활동하는 사람이 갖춰야 할 기본적인 윤리와 관련되는 반면에 저작권 침해는 다른 사람의 재산권을 침해한 법률적 문제이다."

- 위키백과-

2. 활동지 작성 예시

1) 활동지 10-1

※ 리포트 자료를 찾는 방법을 서술해 보세요.

항목	내용	예
자료 찾는 장소	1. 도서관	학교도서관, 국회도서관
	2. 인터넷	야후 검색, 구글 스칼라검색, 연구소 사이트
	3. 서점	교보문고,

2) 활동지 10-2

※ 자신의 리포트 쓰는 방법을 스스로 검토해 보세요.

평가내용	예/아니오	향후 계획
글쓰기 과정에 관한 수업을 들었다.	X	글쓰기 수업을 수강신청하려고 함
글을 써내려가기 전에 글에 대한 계획하기 단계에 많은 시간과 노력을 들인다.	O	계획을 충실하게 할수록 나중에 수정할 것이 적기 때문에 계속 계획단계에 많은 시간을 투자하려고 함
일단 쓰기 시작하다보면 좋은 생각이 떠오르기 때문에 계획하기 단계에 오래 머무르지 않는다.	X	

제11장 발표기법

<교수-학습계획안>

<table>
<tr><td>주제</td><td colspan="6">대학에서의 공부 방법- 발표기법</td></tr>
<tr><td>학습
목표</td><td colspan="6">대학 학습을 위한 발표 능력 향상시키기</td></tr>
<tr><td rowspan="2">학습
단계</td><td rowspan="2">학습내용</td><td colspan="2">교수-학습 과정</td><td rowspan="2">시간
(분)</td><td rowspan="2">자료 및
유의점</td></tr>
<tr><td>교수</td><td>학생</td></tr>
<tr><td>도입</td><td>학습의
필요성</td><td>- 발표의 중요성과 숙달의 필요성 인식.</td><td>- 질문하기</td><td>5</td><td>교수자료</td></tr>
<tr><td rowspan="4">전개</td><td rowspan="3">발표 과정
소개</td><td>* 발표 준비하기
- 발표 연습은 최소 3번 이상하기
- 발표 시간을 정해서 실전으로 준비
- 거울을 준비하거나 캠코더로 녹화 후 발표 상황 분석 후 정정
- 조별 발표는 발표 역할 분담하기</td><td>- 활동지 작성하기
: 질문하기</td><td>10</td><td>활동지
11-1</td></tr>
<tr><td>* 발표하기
- 발표복장은 정장으로 하기
- 발표는 연습처럼 하기
- 발표는 인사부터 잘 해야 함
- 발표시간 엄수
- 발표 후 담당교수와 학생들에게 '경청해 주셔서 감사'하다는 인사
- 발표는 자신감 있고 당당하게 하기
- 발표 때 자료를 읽지 않고, 시선은 학생들과 담당교수를 보면서 발표하도록 주의</td><td>- 활동지 작성하기
: 질문하기</td><td>15</td><td>활동지
11-2</td></tr>
<tr><td>* 발표 기법 개발
- 발표시 학생들의 흥미를 유도하기 위한 다양한 소품 준비(사탕, 초콜릿 등)
- 다양한 발표 방법 사용 (강의, 토론, 시청각 자료 활용 등)</td><td>- 활동지 작성하기
: 질문하기</td><td>5</td><td>활동지
11-2</td></tr>
<tr><td>토론</td><td>1) 모둠당 3-5명으로 토론 모둠 구성
2) 학생들의 발표 준비하기, 발표하기, 발표 기법 개발하기에 대한 경험 교환</td><td>- 토론하기</td><td></td><td>교수자료</td></tr>
<tr><td>정리</td><td>발표</td><td>1) 주제별 모둠별 1인 발표 유도
(1) 발표 준비하기
(2) 발표하기
(3) 발표 기법 개발
2) Best 발표 모둠 선정</td><td></td><td>5</td><td>활동지
11-2</td></tr>
</table>

<학습자료>

학습내용 1. 발표 준비하기

1. 발표 준비하기

1) 발표계획수립 및 사전조사

대학 수업에서 발표수업은 최근 빠질 수 없는 중요한 부분으로 인식되고 있다. 발표 프리젠테이션을 준비하고 계획하기 3P에 대한 분석이 선행되어야 한다.

① Purpose: 발표의 목적 파악하기

발표시 담당교수님과 청중인 학생들이 무엇을 알기를 원하는지 그 발표 목적이 분명해야 그에 따라 적절한 내용 및 전달 방법을 계획할 수 있다. 발표 준비시에는 KISS를 생각하자.

KISS = Keep it simple and short.

② Place: 장소, 시간에 따른 분위기 파악하기

세미나 형식으로 토론을 유도할 것인지, 퀴즈를 내면서 사탕 등 소품을 활용할 것인지, 비공식적인 농담을 섞어서 할 것인지 결정한다.

③ People: 청중 파악하기

인원, 전문성, 기대하는 반응 등을 파악한다.

2) 자료 수집과 정리하기

자신이 주제를 정하는 경우에는 우선 자신이 흥미를 갖고 있는 주제를 선정한 후 그와 관련된 자료를 폭넓게 찾는다. 또한 발표의 목적을 한 문장으로 적은 후 발표를 통해 전달할 중점사항을 선정한다. 핵심사항은 3~5개 정도로 한다.

3) 내용 및 디자인 구성

① 전체 그림 그리기 (Outline 그리기)

전체 내용의 흐름을 그려본다. 색인카드에 각 핵심사항에서 다룰 구체적 사항을 기록한 후 색인카드를 다양하게 배열해가면서 전체 흐름을 파악하는 것이 좋다.

② 핵심에서 부연설명으로

발표내용은 핵심사항을 중심으로 내용설명, 연관된 사례, 적용 등의 순서로 전개한다. 주제 문장을 먼저 말하고 그 내용을 설명하는 연역적 방법이 더 효과적이다.

③ 끝을 처음으로 끌어당기기

발표자가 생각하는 핵심사항을 청중도 공유하려면 어떤 사항에 대해 발표할 것인지 먼저 안내하는 것이 좋다. 즉, 일반적으로 마지막에 정리하는 핵심사항 3~5가지를 발표 초반에 소개하도록 한다.

④ 기본부터 시작하기

청중이 발표 내용과 관련된 기본 개념을 잘 알고 있으리라고 가정하지 않도록 한다. 발표 초반에 기본 개념에 대해 짧게 설명하면 청중의 이해도를 높이는데 도움이 된다.

⑤ 2S: Simple & Short

간단한 구성에 짧은 문장을 사용하면 개념 전달이 더 명확하다.

⑥ Hidden Card

정해진 발표시간에 할 수 있는 분량보다 10% 정도의 추가분량을 준비한다. 질의응답시간이나 추가 자료를 요청해 올 때 요긴하게 사용할 수 있을 뿐 아니라 심리적 안정감을 갖게 한다.

4) 발표자료 제작

시각자료는 시간을 절약할 수 있는 장점이 있다. OHP, PPT, 칠판판서 등 다양한 방법이 있는데 요즘 가장 보편적인 PPT 구성의 원리는 다음과 같다.

- 한 슬라이드에 소요되는 시간을 1~2분 정도로 하여 슬라이드의 매수를 조절한다.
- 적당한 글자꼴과 크기를 선택한다. 최소 18포인트 이상이 적합하며 한 슬라이드에 2개 이하의 글꼴을 사용하는 것이 좋다. 물론 강조할 때는 Bold, Italic, 혹은 색을 넣는다.
- 슬라이드에 문장을 쓰는 경우 9줄 이하로 간결하게 하며 여백을 충분히 살린다.
- 청중은 왼쪽 위에서 오른쪽 아래로, 그림에서 글을 본다는 점을 고려하여 디자인한다.
- 전달하고자 하는 내용에서 벗어나거나 주의집중을 방해할 그림은 피한다.

5) 리허설: 발표 연습하기

① 전체 내용 숙지하기

우선 전체 내용을 처음부터 끝까지 몇 번 읽어서 내용을 숙지한다.

② 거울 앞에서 연습하기

연습은 거울 앞에서 서서 하되 가능한 거울에서 멀리 떨어져서 자신의 머리에서 발끝까지 모두 볼 수 있도록 한다. 거울 속의 자신을 보면서 적절하지 않은 몸동작, 손동작이나 표정을 살핀다.

③ 천천히, 정확히

천천히 말하고 명확하게 발음하면서 필요한 손동작이나 몸동작을 한다.

④ 전체 흐름 따르기

연습을 하다 보면 할 때 마다 사용되는 단어가 다를 수도 있으나 전체 흐름을 벗어나지 않도록 한다.

⑤ 테잎 녹음이나 비디오 녹화하기

말하는 속도, '에', '음', '어' 등 불필요한 단어 사용, 시선 처리, 집중을 방해하는 몸동작 (예, 머리 넘기기, 옷 만지기 등) 등을 확인할 수 있다.

학습내용 2. 발표하기

2. 발표하기

1) 발표 당일 준비할 사항

발표에 필요한 사항이 잘 정리되어 있는지 살펴본다.

- 사용할 장비들이 적절한 장소에 잘 갖추어져 있는지 확인한다.
- 발표장의 장비를 관리하고 있는 사람이 누구인지 확인하고, 진행에 이상이 없는지 시험해 본다.
- 장비를 직접 다룰 것인지 아니면 다른 사람에게 맡길 것인가를 결정한다.
- 발표자의 목소리에 비해 발표장이 크다면, 마이크를 준비하도록 한다.
- 청중들이 도착하기 전에 모든 준비가 끝날 수 있도록 한다(마이크 작동, 필기도구, 지우개 등).
- 마지막으로 자신의 외모가 단정한지 점검한다.

2) 발표 시작할 때

① 시작은 화려하게

- 청중의 마음을 주제와 화자에게 집중시킨다.
- 전달할 메시지를 개관한다.
- 크고 강렬하게 시작한다.
- 담당 교수님과 청중 학생들이 얻게 되는 이점을 설명한다.
- 신뢰감을 준다.

- 지나치게 겸손하지 않는다.
- 청중을 가치절하하지 않는다.
- 간결하며 역동적으로 한다.

② 발표가 시작되면 발표를 통해 청중이 얻게 되는 것이 무엇인지를 먼저 언급한다.

- 발표에서 다룰 내용의 주제어를 칠판 한 쪽에 적는 것도 좋다.
- 청중의 집중도는 발표 초반에 가장 높으므로 농담이나 기타 집중력을 약화시킬 접근은 바람직하지 않다.

3) 본론 발표

① 반복

다른 용어와 말을 사용하여 핵심내용을 반복한다.

② 비유

메시지와 관련하여 이미 청중이 알고 있는 비유를 사용한다.

③ 참여

많은 다양한 자료(시청각 자료, 활동)을 활용하여 청중을 참여시킨다.

④ 사례

적절한 사례는 메시지를 효과적이고 흥미롭게 한다.

⑤ 통계

메시지의 신뢰성을 높인다.

⑥ 비교

청중이 빠르고 논리적으로 가치를 인정한다.

⑦ 증언

개인적이거나 인용할만한 메시지는 신뢰를 갖게 한다.

4) 발표를 마칠 때

① 요점을 요약한다.

② 실전 프로그램을 제시한다.

③ 강하고 강렬하며, 설득적으로 이야기한다.

④ 도입과 연결시킨다.

⑤ 다시 새로운 것을 이야기 하지 않는다.

⑥ 갑자기 끝내지 않는다.

⑦ 사과하지 않는다.

5) 질의 응답하기

발표 후 질의응답 시간은 청중과 대화할 수 있는 좋은 기회이므로 다음과 같이 진행하도록 한다.

① 질문 내용을 전체 청중이 정확히 알 수 있도록 다시 한 번 언급해 준다.

② 질문 내용은 끝까지 듣는다. 하지만 질문이 애매하거나 정확하지 않은 경우에는 질문을 하게 된 시점 (내용)으로 돌아가서 질문의 초점을 잡아주는 것도 좋다.

③ 질문에 대해 잠시 생각할 시간을 가진 후 답을 한다. 바로 답변을 하지 않음으로써, 질문한 사람에 대한 존중을 표할 수도 있고, 정확한 답을 준비하는 여유를 갖게 된다.

④ 전체 내용의 흐름과 맞지 않는 질문에 대한 답은 미뤄두도록 한다.

⑤ 한 사람과 길게 논쟁하는 것은 피하도록 한다.

⑥ 만약 문제에 대해 답을 모른다면 그 점을 시인하고 청중 중에서 답을 할 수 있는 사람이 있는지 물어보거나 이후에 답을 줄 것을 약속한다.

학습내용 3. 발표과정 정리

1. 성공하는 프레젠테이션

- 프레젠테이션 잘하는 방법 : 자신감 있는 태도로, 분명한 언어를 사용하고, 상호작용을 유도한다.
- 1차 발표는 동영상으로 촬영 후 분석한다.

2. 발표 시나리오를 가지고 철저하게 준비한다.

- 프레젠테이션은 “Talk at”이 아니라 “Talk with”이다
- 발표 목적을 분명하게 제시한다 : 왜 하는가? 무엇을 얻고자 하는가?
- 청중을 의식한다 : 청중의 수준은 어떠한가?

3. 설득 포인트 결정하기

- 핵심 주제를 정하고, 그에 따라 논리를 구성한다.
- 청중 분석을 통해 전략을 수립하고 반영한다.
- 참신한 내용으로 편집한다.
- 우수한 발표 자료를 보고 배운다.

- 배부용(청중용)과 발표용(프레젠테이션)을 차별화하여 이해하기 쉬우면서도 지루하지 않도록 자료를 준비한다.

4. 발표 태도

- 시선 : 청중의 표정과 마음을 놓치지 않는다.
- 태도 : 자신감과 열정으로 전달한다.
- 제스처 : 자연스러운 동작을 연출하면서 발표한다.
- 화법은 말의 고저, 강약, 완급의 변화로 리듬감을 유지한다.

5. 발표 실습 및 총 정리

- 꾸준한 반복 연습만이 최고의 학습이다.

* 활동지 11-1 : 본인의 실천방법

* 다음은 대학에서의 학습을 스스로 체계적으로 관리할 수 있도록, 발표기법에 대하여 자신의 성공적인 실천 방법을 기록하는 부분입니다. 담당교수님과 다른 학생들에게 소개해줄 내용을 기록해보세요. 1. 발표 준비하기 2. 발표하기 3. 발표 기법 개발

* 활동지 11-2 : 본인의 실천방법

* 다음은 자신의 발표 행동을 확인해보는 코너입니다. 본인의 점수를 확인해보세요. 1. 발표 시 점검사항 2. 발표 후 점검사항

제12장 학습 모둠활동

<교수-학습계획안>

<table>
<tr><td>주제</td><td colspan="6">모둠활동 체험하기</td></tr>
<tr><td>학습 목표</td><td colspan="6">모둠의 조직과 활동을 경험함으로써 협력과 의사소통의 기술을 익힌다.</td></tr>
<tr><td rowspan="2">학습 단계</td><td rowspan="2">학습내용</td><td colspan="2">교수-학습 과정</td><td rowspan="2">시간 (분)</td><td rowspan="2">자료 및 유의점</td></tr>
<tr><td>교수</td><td>학생</td></tr>
<tr><td>도입</td><td>도입설명</td><td>- 모둠에 대한 도입설명
- 모둠이란 무엇인가?
- 모둠의 장점과 단점
- 모둠은 어떻게 조직하는가?</td><td>- 설명을 듣는다.
- 학습목표를 이해한다.</td><td>10</td><td>교수자료</td></tr>
<tr><td rowspan="4">전개</td><td>모둠 조직</td><td>- 모둠 조직 작업
- 전체 인원을 고려하여 모둠 조직(약 3-5인)
- 모둠의 목표와 운영방식을 결정하도록 지침을 제공</td><td>- 모둠을 만든다.
- 주제를 정한다.
- 역할을 정한다.
- 규칙을 정한다.</td><td>10</td><td>활동지 12-1</td></tr>
<tr><td rowspan="3">모둠 운영 및 결과 발표</td><td>- 정해진 소주제 별로 모둠원들이 가상의 모둠작업을 진행할 수 있도록 지도</td><td>- 개별적으로 진행한다.
- 간략한 보고서를 쓴다.</td><td>5</td><td>활동지 12-2</td></tr>
<tr><td>- 모둠 결과를 모둠 별로 취합하도록 지도.</td><td>- 모둠 별로 개별적으로 진행한 작업을 총 취합한다.
- 최종 발표방식을 결정한다.</td><td>10</td><td></td></tr>
<tr><td>- 모둠 별로 모둠 활동의 결과를 발표하고 상호 평가하도록 지도.</td><td>- 모둠결과를 발표한다.
- 발표와 모둠결과에 대하여 서로 평가한다.</td><td>10</td><td>활동지 12-3</td></tr>
<tr><td>정리</td><td>모둠활동의 의미</td><td>- 가상의 모둠활동 경험에 대한 짧은 논평을 교환하도록 지도.</td><td>- 모둠활동 경험에 대한 소감을 이야기한다.</td><td>5</td><td></td></tr>
</table>

〈학습자료〉

학습내용 1. 모둠에 관하여

1. 모둠학습이란 무엇인가?

1) 공동 작업

모듬학습이란 공동으로 자료를 수집하고 분석하며 최종 결과물을 내기까지의 과정을 공동의 노력과 협력을 통하여 진행하는 학습방식을 의미한다. 이러한 공동작업의 경험은 단순한 지식 습득의 차원을 넘어서서 다양한 특성과 관점을 인정하고 다양한 입장 간의 조율을 통하여 공통의 결과물을 만들어내는 사회적 의사소통 훈련의 효과를 갖는다.

2) 모둠학습의 다양성

모둠학습은 공동작업을 한다는 기본 요건을 충족하는 가운데 다양한 형태를 가질 수 있다. 모둠학습은 한 강의에서 진행되는 공통의 주제를 중심으로 이루어질 수도 있지만 지역 또는 전국적 단위에서 개최되는 대학생 학술행사에서와 같이 광범위한 영역에서 이루어질 수도 있다. 모둠의 기간 역시 짧게는 약 3~4일에서 몇 년에 이르기까지 다양한 형태를 띨 수 있다. 그러나 상호 의사소통이 안정되기까지에는 일정 정도의 시간이 소요되므로 너무 짧은 모둠 기간은 효율성이 떨어지는 원인이 될 수 있다.

2. 모둠학습의 장점

1) 다양한 정보

모둠활동을 통하여 개인은 훨씬 더 짧은 시간에 더 많은 양의 정보를 수집하고 접할 수 있다. 이는 특히 효율적인 분담을 통하여 가능하다. 예를 들어 혼자서 자료를 수집하는 것보다 모둠 내에서 자료수집, 중요한 자료의 취합과 요약·정리 발표 등을 분담한다면 같은 시간 내에 훨씬 많은 양의 정보를 접할 수 있다.

2) 의사소통 훈련

모둠활동을 통하여 의사소통방식을 훈련할 수 있다. 성공적인 공동작업을 위하여 모둠학습은 모든 구성원의 적극적이면서도 유연한 참여를 요구한다. 즉, 모둠의 구성원들은 모둠활동을 통하여 자신의 의견을 피력하고 상대방의 의견을 존중하는 방식, 견해차이가 발생했을 때 조율하는 방식, 갈등상황에서 대처하는 방법 등을 익히게 된다.

3) 학습동기 부여

모둠학습은 지루하고 힘든 학습과정에 활력과 흥미를 제공함으로써 학습의 효율성을 높일 수 있다. 공동작업을 통하여 개인은 스스로의 문제의식과 학습 결과를 비판적으로 숙고할 수 있고 다양한 의견을 통하여 다각적으로 검토해 볼 수 있다.

4) 팀웍 훈련

모둠학습은 사회의 의사소통의 기술을 익힘으로써 궁극적으로는 건전한 사회인의 육성에 기여할 수 있다. 최근 대학사회의 개인주의와 파편화현상은 이후 사회에 진출한 사회인들의 개인주의와 파편화현상으로 이어지고 있으며 이는 대학생활을 통한 사회경험의 중요성을 더욱 부각시키고 있다. 모둠활동을 통하여 대학생들은 미래의 성공적인 직업생활을 준비할 수 있다.

4) 협동적 분위기

모둠학습과 그를 통한 공동작업은 개인 간의 경쟁 분위기를 약화시키고 협력을 통해 공동의 발전을 지향하는 분위기를 조성한다. 이는 학습에 동반되는 스트레스를 상당 부분 격감하며 학습을 긍정적이고 즐거운 자기발전의 방법으로 인식할 수 있게 한다.

5) 소극성의 극복

모둠학습은 작은 규모에서 이루어지는 공동학습이며 따라서 모든 성원의 참여를 자연스럽게 유도한다. 평상시에 학습은 교수자의 일방적인 강의와 수동적인 강의청취의 방식으로 이루어지며 토론이 이루어지는 경우에도 소수의 적극적인 학생들에 집중된 제한된 성격을 갖는다. 모둠학습을 수행할 경우 소규모 집단 내에서는 소극적인 학생들도 보다 쉽게 심리적 장벽을 극복하고 편안한 분위기에서 적극적이고 자발적으로 참여할 수 있는 기회를 갖게 되며 이를 통해 보다 많은 학생들이 발표와 토론기법을 훈련할 수 있다.

5) 시간 절약

모둠학습은 다양한 성원들이 공동으로 참여하여 하나의 과제를 수행하는 것이므로 개인은 시간과 에너지를 절약할 수 있다. 따라서 개인 차원에서는 수행하기 힘든 규모의 과제에도 도전해 볼 수 있다.

3. 모둠학습의 단점

1) 산만함

모둠활동은 성공적인 과제 수행을 위하여 다양한 의견을 수렴하고 통합하는 과정을 요구한다. 따라서 개인이 자신이 집중하고 싶은 주제 외의 주제를 수용해야 하는 경우가 생길 수 있으며 이러한 문제는 특히 의견수렴과 집중이 효율적으로 이루어지지 않았을 때 심각하게 발생할 수 있다. 이 문제를 해결하기 위해서는 가능한 한 주제와 업무를 축소하고 구체화하는 것이 중요하다.

2) 무임승차자의 문제

모든 집단활동은 무임승차자의 문제를 안고 있다. 이들 무임승차자들은 최소의 노력으로 쉽게 집단적 성과의 결과물을 향유하고자 하는 사람들이다. 이들은 모둠활동에 소극적으로 참여함으로써 다른 구성원들에게 피해를 입히며 이 문제는 대부분 모둠활동이 원활히 진행되지 않는 주요한 원인이 된다. 무임승차자의 문제를 피해가기 위해서는 모둠의 구성부터 업무의 분담에 이르기까지 신중하고 철저한 관리, 그리고 모두가 참여할 수 있는 분위기의 조성이 필요하다.

3) 합의의 어려움

모둠활동은 다양한 이해와 입장을 가진 사람들 간의 공동작업이므로 상이한 의견들 간의 조율과정에서 갈등이 발생할 수 있다. 이는 사소하게는 업무의 분담에서 시작해서 중요하게는 과제 주제의 선택과 분석에 이르는 문제들까지 발생할 수 있다. 합의의 어려움을 효율적으로 해결하기 위해서는 모둠 구성 초기에 가능한 한 충분한 협의과정을 거쳐 명확하고 구체적인 목표와 규칙을 설정하는 것이 중요하다.

4. 모둠의 구성 요인

1) 모둠의 조장

모둠의 조장, 즉 리더는 전반적인 모둠의 구성과 활동을 이끌어가는 핵심적인 인물이다. 조장은 모둠의 형식과 목표를 설정하는 데 주도적인 역할을 하며 모둠의 구성원들을 관리하고 배려한다. 또한 모둠의 성공적인 활동을 위하여 전반적인 계획을 수립하고 회의 개최 및 보고서 작업 등이 원활하게 진행되는지를 항상적으로 검토한다.

2) 서기

서기는 모둠의 조장을 지원하며 모둠에 관련한 세부적인 사항을 관리한다. 회계업무, 서류정리, 회의록 기록 등의 구체적인 업무를 담당한다.

3) 모둠원

모둠원은 모둠의 기반이다. 모둠원의 자발적이고 적극적인 참여 없이 모둠활동은 유지될 수 없다. 모둠원은 공동의 합의 하에 결정한 모둠의 목적과 운영규칙 등을 준수하며 각자 맡은 부분을 성실하게 수행해야만 한다.

학습내용 2. 모둠의 조직과 운영 방식

1. 모둠의 조직과 운영

모둠의 조직과 운영은 다음과 같은 순차에 의하여 이루어진다. 각각의 단계는 실제 상황에서는 전체 기획에 의거하여 약 며칠에서 몇 주의 시간을 거칠 수 있다.

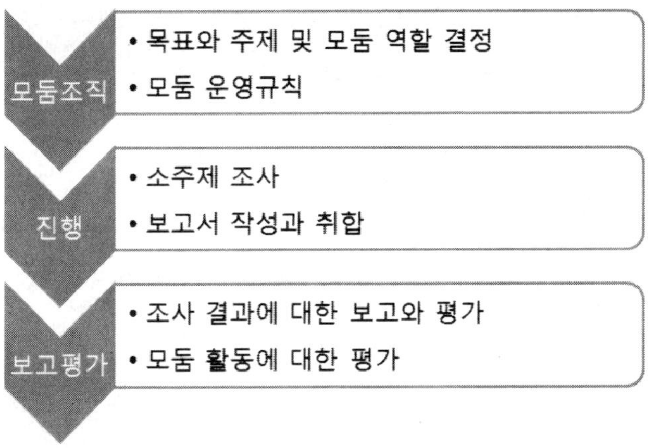

단 계	내 용	내 용 설 명
모둠조직	적정한 인원으로 구성	2~5명이 적당하다. 교수가 지명하여 구성하거나 자발적으로 구성하는 경우가 있다.
	모둠 구성원의 특성 파악	각 참여자의 학업 관련 장단점, 특성, 모임에 대한 기대사항을 서로 파악한다.
	목표 및 주제 논의	모둠의 학습목표를 정한다. (리포트쓰기, 수학과제풀기, 발표하기 등)
	역할 결정	역할 분담 및 책임사항을 정한다. (모둠의 리더, 서기 등)
	모둠 운영 원칙 결정	모둠의 규칙을 어긴 경우 등 운영 규칙을 사전에 결정한다. (약속시간을 어긴 경우, 맡은 과제를 완수하지 않은 경우 등)
	진행 계획 수립	과제 완수 계획을 세운다. (전체 기간, 정기 모임, 완수해야 하는 과제 등)

단　계	내　용	내 용 설 명
진　행	세부 활동 진행	각자 맡은 부분을 진행한다.
	보고서 작성	각자 맡은 부분에 대한 최종 보고서를 작성한다.
보고와 평가	보고발표	맡은 부분에 대하여 다양한 시청각 자료를 사용하여 발표한다.
	과정 및 결과에 대한 평가	조사 결과에 대해 평가한다. 모둠 진행과정에 대해 평가한다.

2. 활동지 작성 예시

1) 활동지 12-1

※ 모둠의 목표와 역할, 운영규칙을 정해보세요.

항 목	내　용	비 고
모둠의 목표	중간고사 때까지 발표 준비하기 발표 주제: 대학문화와 술	
모둠 내 역할	김 XX : 리더십이 강하므로 조장 역할을 부여 이 XX : 꼼꼼하고 성실하므로 서기 역할 담당 홍 XX, 최 XX, 박XX: 모둠원	
모둠의 운영규칙	모임에 두 번 이상 불참하면 학교 앞에서 저녁 사기 발표는 대표 혼자 하지 않고 모두가 참여하기. 발표 하루 전에 PPT와 요약본 작성하기	

2) 활동지 12-2

※ 보고서를 써 보세요.

담당자	홍XX
모둠 내 역할	
소주제	음주문화의 성 별 차이

본인은 음주문화의 성 별 차이라는 소주제를 맡아서 조사를 진행했다. 주로 일간지, 인터넷, 학술지 등을 검색하고 자료를 수집하였고 학우들 4인에 대한 심층면접을 통하여 조사결과를 보완하였다.

음주문화는 성 별 간에 차이를 보여준다. 남학생들 간에는 음주를 통하여 인간관계를 돈독히 하고 공동체의식을 함양할 수 있다는 긍정적인 인식이 확산되어 있는 반면에 여학생들은 음주를 자신에 대한 통제력의 상실, 성폭력의 대상이 될 수 있는 위험의 증가 등과 연관시키는 부정적인 인식이 확산되어 있다.

3) 활동지 12-3

※ 모둠활동을 서로 평가해 보세요.

평가내용	확인	이유
구성원을 서로 신뢰할 수 있다.	○	완전히 일을 안하는 사람은 없었음
모든 구성원이 맡은 것에 책임을 다 했다.	×	한 두 사람이 일을 미루는 경향이 나타남
서로 존중하는 분위기였다.	○	토론 분위기가 우호적이고 편안했음
토론이나 의견 제시에 모든 사람이 적극적으로 참여했다.	×	모둠원 2인은 아주 소극적으로 참여

제4편 의미있는 대학생활 준비하기

제13장 사랑

<교수-학습계획안>

<table>
<tr><td>주제</td><td colspan="5">친밀한 인간관계 : 사랑에 대한 바른 신념 갖기</td></tr>
<tr><td>학습
목표</td><td colspan="5">사랑에 대한 학습의 필요성을 인식하고, 바른 신념과 현실적인 기대를 갖도록 한다.</td></tr>
<tr><td rowspan="2">학습
단계</td><td rowspan="2">학습내용</td><td colspan="2">교수-학습 과정</td><td rowspan="2">시간
(분)</td><td rowspan="2">자료 및
유의점</td></tr>
<tr><td>교수</td><td>학생</td></tr>
<tr><td>도입</td><td>학습의
필요성</td><td>- 사랑에 대하여 학습해야 하는 이유 설명.</td><td>- 사랑에 대한 공부의 필요성 인식</td><td>5</td><td>교수자료</td></tr>
<tr><td rowspan="4">전개</td><td>자료정리</td><td>- 사랑의 구성 요소 찾아보기
• 드라마, 영화, 문학 속에서 나타나는 사랑에 대하여 생각해보기
• 내가 경험한 가장 감동적인 사랑의 순간 찾아보기</td><td>- 활동지에 정리 작성하기</td><td>10</td><td>활동지
13-1</td></tr>
<tr><td rowspan="3">토론</td><td>- 활동지에 정리 작성한 내용을 기반으로 사랑의 구성요소 찾아보기</td><td>- 모둠별로 토론을 통해 사랑의 구성요소를 5개씩 찾아보기.</td><td>10</td><td>모둠토론</td></tr>
<tr><td>- 설문지에 응답하여 사랑의 삼각형을 그려본 후에, 사랑의 세 가지 구성요소인 친밀감, 열정, 투신에 대하여 설명.
- 시간에 따라 변화하는 사랑의 속성 인식.</td><td>- 사랑의 삼각형을 그려보고 모둠원끼리 비교 토론.
- 시간의 흐름에 따른 사랑의 구성요소의 변화 모습을 그래프로 그려본다.</td><td>15</td><td>활동지
13-2</td></tr>
<tr><td>- 토론재료를 읽고, 대학에서의 인간관계의 중요성과 개발 방법에 대하여 토론.</td><td>- 토론 재료의 상황에 대한 모둠별 처방 제시해 보기.</td><td>5</td><td>모둠토론</td></tr>
<tr><td>정리</td><td>사랑에
대한 바른
신념 갖기</td><td>- 사랑에 대한 현실적 기대의 필요성을 인식시킨다.</td><td>- 아름답고 성숙한 사랑을 위해, 사랑에 대한 바른 이해의 필요성 인식.</td><td>5</td><td>교수자료</td></tr>
</table>

〈학습자료〉

학습내용 1. 사랑의 삼각형 이론

1. 사랑의 의미

국어사전: '아끼고 위하는 따뜻한 인정을 베푸는 일 또는 그 마음.'
'마음에 드는 이성을 몹시 따르고 그리워하는 일 또는 그러한 마음.'

1) 사랑의 이해

사랑에 대한 무지는 사랑에 대한 환상과 신비감을 증가시키지만 사람들을 미숙하고 파괴적인 사랑으로 이끌어 불행과 고통 속에 빠지게 함.

2) 사랑의 다양한 유형(Lee, 1988)

① 낭만적 사랑(Eros): 뜨거운 열정과 욕망이 중요한 요소가 되는 강렬한 사랑. 많은 사람들이 선망하는 사랑의 유형이기는 하나, 흔히 불안정하고 지속적이지 못하여 많은 심리적 고통을 수반하는 경우가 많다.

② 우애적 사랑(Storge): 친한 친구에게서 느끼는 친밀감과 우정이 주된 요소가 되는 사랑. 갈등이 생기더라도 온건하게 타협을 통해 해결하며, 연인관계가 서로 강한 상처를 주며 종결되는 경우가 드물다.

③ 유희적 사랑(Ludus): 마치 놀이를 하듯 재미와 쾌락을 중요시하며 즐기는 사랑. 상대방에 대한 강력한 집착이나 관계의 지속을 위한 장기적인 계획이 없다.

④ 실용적 사랑(Pragma): 이성에 근거한 현실주의적이고 합리주의적인 논리적 사랑. 우애적 사랑과 유희적 사랑의 혼합.

⑤ 이타적 사랑(Agape): 무조건적이고 헌신적으로 타인을 위하고 보살피는 사랑. 자기희생이 중요한 요소가 된다.

⑥ 소유적 사랑(Mania): 상대방에 대한 강렬한 소유욕과 집착을 중요한 요소로 하는 강렬한 사랑. 낭만적 사랑과 유희적 사랑의 혼합.

* 활동지 13-1 : 사랑에 대한 바른 신념 갖기

1. 드라마, 영화, 문학 속에서 나타난 인상적인 사랑의 장면을 찾아봅시다.
2. 내가 경험한 감동적인 사랑의 순간을 적어봅시다.
3. 위의 사례들을 중심으로, 모둠원끼리의 토론을 통해, 사랑의 기본 구성요소를 5개씩 찾아봅시다.

2. 사랑의 삼각형 이론(Sternberg, 1986)

1) 사랑의 3가지 구성요소

(1) 친밀감(intimacy): 가깝고 편하게 느낌, 서로를 잘 이해함, 함께 공유함, 원활한 의사소통, 긍정적인 지지 등을 의미. 사랑의 따뜻한 정서적 측면.

(2) 열정(passion): 사랑의 동기적 측면. 연인들을 생리적으로 흥분시켜 들뜨게 하고 사랑하는 사람과 함께 있고 싶고 일체가 되고 싶은 강렬한 욕망을 불러일으킨다. 교제 기간이 길어짐에 따라 열정의 강도는 감소하거나 다른 형태로 변화하는 것이 일반적.

(3) 투신(commitment): 상대방을 사랑하겠다는 결정과 행동적 표현을 의미. 사랑의 차가운 측면을 반영하는 동시에 인지적 측면. 지속적인 관계를 위해 자신을 구속시키는 행위를 포함한다.

* 사랑의 3가지 요소들은 시간의 흐름에 따라 다르게 변화한다. 3가지 요소가 가장 많은 정점에서 만나는 것은 현실적으로 불가능하다. 친밀감과 투신은 시간의 흐름에 따라 완만한 상승세를 그리지만, 열정은 초기에 가장 강렬하며 시간에 따라 급격하게 감소한다. 사랑은 변하는 것이다. 이러한 사실을 이해하고 사랑에 대한 현실적인 기대를 갖는 것이 성숙한 사랑을 가능하게 할 것이다.

2) 사랑의 8가지 유형

① 비사랑: 세 요소의 아무 것도 갖추지 않은 관계. 무의미한 대인관계.

② 우정: 친밀감만 있는 경우. 가까움과 따뜻함을 느끼는 상태

③ 짝사랑: 열정만 있는 상태. 서로 말 한 번 걸지 않았기 때문에 친밀감이나 투신 행위가 이루어질 기회가 없다.

④ 공허한 사랑: 투신만 있는 경우.

⑤ 낭만적 사랑: 열정 + 친밀감. 미래에 대한 약속이나 확신 없이 사랑하는 경우.

⑥ 허구적 사랑: 열정 + 투신. 열정을 느껴 투신 행위를 하지만 친밀감이 형성되지 못한 사랑의 경우. 헐리우드식 사랑.

⑦ 우애적 사랑: 친밀감 + 투신. 열정은 없거나 식어버린 사랑.

⑧ 완전한 사랑: 친밀감 + 열정 + 투신. 완벽하고 이상적인 사랑. **그러나 사랑의 형태는 시간이 흐르고 관계가 지속됨에 따라 변해가는 것이 일반적이다.**

* 활동지 13-2 : 나의 사랑은 어떤 모양일까?

*질문지에 제시된 45개의 문장들은 현재 당신이 사귀고 있는(혹은 사귀었던, 사귀고 싶은) 이성 친구에 대한 당신의 심리상태를 기술한 것입니다. **은 이성 친구의 이름을 뜻합니다. 각 문장을 읽고 **에 대한 당신의 상태를 잘 나타내는 정도라고 생각되는 적절한 숫자를 써 주십시오. 질문에 대한 답을 오래 생각하지 말고 1~9까지의 숫자 중에서 골라 적으면 됩니다.

학습내용 2. 낭만적 사랑에 대하여

1. 낭만적 사랑의 특성

낭만적 사랑은 모든 사랑의 형태가 아니라, 사랑의 한 가지 유형일 뿐이다. 그런데 대부분의 사람들은, 모든 사랑의 모습을 낭만적 사랑에 비교하여 판단하려고 한다.

(1) 독점적, 배타적 관계

(2) 매우 빠른 발전 속도

(3) 매우 강렬한 감정

* 낭만적 사랑에 빠진 사람들이 경험하는 심리상태

① 집착과 몰두

② 늘 함께 하고 싶은 욕망

③ 끊임없이 생각함

④ 강렬한 애정과 신체적 흥분

⑤ 모든 것을 다 주고 싶은 마음

⑥ 독점적인 관심과 애정의 갈구

⑦ 질투

⑧ 상대가 없이는 불완전하다는 느낌

⑨ 거부의 두려움

⑩ 이별하게 되면 깊은 슬픔과 절망을 느낌

2. 낭만적 사랑에 대한 이론

1) 진화심리학적 이론

종족보존의 기능: 성행위에 이르기 위해서는 사랑의 감정을 통해 이성에게 강렬하게 집착하는 것이 필요하다.

남자는 자손을 건강하게 낳아 기를 수 있는 건강하고 아름다운 여성에게, 여자는 자신과 자녀를 안전하게 보호하고 돌볼 수 있는 강인하고 유능한 남성에게 끌린다.

2) 정신분석적 이론

사랑은 성적 욕구가 승화된 것.

남근기에 부모가 성숙하게 대응 -> 아동이 세대구분을 이해, 성과 애착을 구별, 부모의 금지와 기대 내재화 -> 오이디푸스 갈등 해결 -> 건강한 성정체감 형성, 초자아와 자아의 발달, 삼자관계의 수용을 통한 건강한 이성관계의 기초형성.

이성부모에게 느꼈던 성적 욕구의 충족 또는 좌절 경험이 성인기 이성관계에 중요한 영향.

3) 애착이론

성인이 사랑을 하는 스타일은 어머니와의 애착유형에 의해 영향을 받는다.

① 안정된 애착을 형성한 사람: 타인에게 쉽게 접근. 버림받음에 대한 두려움 적음.

② 양가적 애착을 형성한 사람: 타인의 애정과 사랑에 지나치게 의존. 거부의 두려움. 지나친 애정으로 상대에게 부담을 줄 가능성.

③ 회피적 애착을 형성한 사람: 인간관계에 무관심. 친밀한 관계 회피. 이성 관계를 잘 맺지 못하거나 상대방과의 거리를 유지하면서 무미건조한 관계를 맺을 가능성.

4) 인지이론

개인이 사랑에 대해 지니고 있는 믿음이나 기대가 사랑의 체험과 행동에 영향을 미친다.

* 2요인 인지적 명명이론: 사랑의 체험에는 두 가지 요소, 즉 정서적-신체적 흥분과 인지적 평가가 중요하다. 사랑에 빠진 사람들은 신체적 흥분을 경험하고 그러한 흥분을 이성에 대한 사랑으로 여기는 인지적 평가가 사랑의 체험에 중요하다.

3. 낭만적 사랑의 함정

낭만적 사랑은 양면성을 지닌다. 사라에는 밝은 면과 더불어 어두운 면이 있다. 사랑은 행복과 기쁨의 원천인 동시에 불행과 고통의 원천이기도 하다.

① 과민성: 매우 예민해진다.

② 감정의 동요: 감정이 수시로 변하기 때문에 감정의 강도와 진폭이 커진다.

③ 거부의 두려움: 사랑이 고통스러운 이유 중의 하나는 거부에 대한 두려움 때문이다.

④ 열등감의 확대: 사랑을 하게 되면 자신이 작고 초라하게 느껴진다.

⑤ 의심: 사랑을 하게 되면 의심이 많아진다.

⑥ 질투: '질투는 영혼의 황달'이라는 말이 있듯이 질투는 강렬한 불쾌감정이지만 표출하기가 어렵기 때문에 그만큼 해소하기 어려운 마음의 고통이 된다.

⑦ 외로움과 불완전감: 사랑을 하게 되면 고독을 알게 된다고 한다. 사랑은 알기 전에는 혼자서도 잘 지내던 사람이 사랑을 하게 되면 혼자 있을 때 외로움과 불완전감을 느낀다.

4. 부적응적 낭만적 사랑(강박적 사랑)

타인에게 비이성적이고 강렬하게 집착하는 병적인 사랑. 심리적 함정에 빠져 자기 자신과 상대방을 모두 고통스럽고 불행하게 만든다. 강박적 사랑은 다음과 같은 6가지 특성을 지닌다.

① 사랑하는 사람에게 지나치게 강박적으로 집착한다.

② 사랑하는 사람도 자신과 마찬가지로 똑같이 강렬한 사랑을 보여주어야 한다는 매우 강한 기대를 지닌다.

③ 상대의 행동을 왜곡하여 해석하고 따라서 극단적 감정변화를 나타낸다.

④ 사랑하는 사람이 사랑을 보여주지 않으면 심한 불안과 우울에 빠진다.

⑤ 사랑하는 사람을 비현실적으로 이상화하고 과대평가하며 그 사람의 결점을 보지 않으려 한다.

⑥ 사랑하는 사람의 관심과 사랑을 얻기 위해 무모한 행동을 한다.

학습내용 3. 사랑의 발전과 심화

1. 사랑의 발전과 심화

1) 사랑의 발전단계(인간관계 심화 과정)

(1) 첫인상의 단계: 외모나 행동의 관찰을 통해 인상 형성. 호감을 갖게 되면 개인적 정보에 관심을 갖게 된다.

(2) 지향단계: 서로 자신에 대한 피상적인 정보를 교환하고 상대방을 탐색한다.

(3) 탐색적 애정교환단계: 조금 친근한 태도를 취하고 대화의 내용이 좀 더 풍부하고 깊어지며 자발성도 증가한다. 형식적이고 초보적인 애정 교환이 이루어진다. 가장 예민하고 불안정한 단계.

(4) 애정교환단계: 상대의 사랑을 확인하고 신뢰를 형성해가는 단계.

(5) 안정적 교환단계: 상대의 사랑에 대한 확신을 갖게 되고 신뢰와 친밀감에 바탕을 두고 안정된 애정교환이 이루어진다. 속마음을 터놓고 이야기하고 서로의 소유물에도 마음 놓고 접근한다.

2) 사랑의 심화요인: 사랑의 강도를 측정하는 기준

(1) 사랑은 연인관계에서 경험하는 정서적 만족도에 비례한다.

(2) 사랑은 현재 연인관계에 투여하는 심리적, 물질적 투자의 양에 비례한다.

(3) 사랑은 미래에 연인을 위해 투자할 수 있는 최대의 양에 비례한다.

(4) 사랑의 강도는 상호의존성과 비례하는 경향이 있다.

(5) 사랑의 강도는 연인관계의 지속기간과 만남의 빈도와도 관계가 있다.

2. 사랑의 붕괴와 종결

1) 호감과 매력의 상실

2) 갈등해결의 실패

3) 다른 연인의 출현

4) 부모의 반대나 물리적 이별

5) 투자와 보상의 불균형(사회교환이론): 인간관계에서 상대방으로부터 기대한 성과와 만족을 얻지 못할 경우에 그 관계는 와해된다. 친밀한 관계가 붕괴되는 이유는 그 관계에서 얻는 성과가 줄어들거나 또는 현재의 관계보다도 더 좋은 성과를 가져다 줄 수 있는 관계가 존재하기 때문이다. 인간은 현재의 인간관계가 불만스럽더라도 대안적 관계에서 더 나은 성과가 기대되지 않으면 현재의 관계에 머무른다. 반면, 현재의 이성관계가 만족스럽다고 하여 그 관계가 확고한 것은 아니다. 더 많은 만족을 줄 수 있는 다른 연인이 나타나면 현재의 이성 관계는 동요될 수 있다.

3. 사랑의 상처-실연과 그 극복방법

1) 실연의 유형

(1) 일방적 실연: 두 사람이 서로 사랑하다가 한 사람의 일방적 요구에 의해 그 관계가

파기되는 경우. 가장 고통스러운 상처를 남기는 실연 형태.

(2) 합의된 실연: 사랑하던 두 사람이 사랑의 관계를 종결하기로 서로 합의하고 헤어지는 경우.

(3) 강요된 실연: 당사자의 의사와 상관없이 외부적 요인(부모의 반대, 연인의 지리적 이동이나 사망 등)에 의해 사랑의 관계가 중단되는 경우.

2) 실연의 심리적 반응

(1) 정서적 반응: 우울, 미련, 후회, 분노, 적개심.

(2) 인지적 반응: 방어적 사고. 주의산만, 집중력 저하. 판단력과 기억력 저하, 업무수행능력 감소.

(3) 행동적 반응: 활동성 저하, 부적응, 무절제한 생활. 식욕저하, 불면 등 신체증상.

3) 실연의 극복 과정

(1) 충격과 고통의 시기: 고통스런 감정에 휩싸이는 가징 힘든 시기.

(2) 치유기

① 아픔이 정상적인 반응임을 받아들인다.

② 충분히 아파하고 슬퍼한다.

③ 잠시 일상생활로부터 벗어난다.

④ 반성한다.

⑤ 일상으로 돌아온다.

(3) 성숙기: 실연의 아픔을 극복하는 과정에서 자기 자신에 대한 여러 가지 반성을 하게 되고 사랑에 대한 새로운 시각을 갖게 된다. 이러한 배움을 통해서 인격적으로 성숙하게 되고 보다 성숙한 이성 관계를 위한 밑거름을 마련하게 된다.

자료출처: 권석만(2004), 젊은이를 위한 인간관계의 심리학, 학지사

학습내용 4. 토론재료

*** 저 인간관계가 별로 안 좋은데요.**

이번에 대학교에 올라가는 학생입니다. 전 성격이 좀 많이 내성적이고, 소심한 편입니다. 이런 제 성격을 저도 아주 싫어하고, 틈 날 때마다 내가 언제부터 이렇게 됐는지 생각해 보곤 하

는데요. 제가 볼 땐 선천적인 면이 50%라면 그동안 살아오면서 환경적인 요인이 50% 정도라 생각합니다.

환경적인 요인의 시작은 초등학교 2학년 때 시작된 것 같습니다. 친하게 지내는 친구가 있었는데, 그 친구는 친한 친구이면서 동시에 저를 괴롭히는 친구였습니다.

초등학교 때 그 친구가 저를 괴롭히는 장면이 아직도 머릿속에 남아 있으니, 그 때의 영향이 제 내성적인 성격의 시작이라고 생각됩니다. 그때부터 저는 서서히 내성적이고, 항상 열등감 같은걸 가지고 지내온 걸로 보여 집니다.

이후 중학교에 입학해서도 인간관계에 있어 뭔지 모르게 내가 꿀린다는 생각이 자리 잡았고, 저보다 활달하고 운동도 잘하고 그런 아이는 나와 친구를 할 수 없다는 생각에 말조차 별로 안하고, 나와 비슷한 아이들과만 친구관계를 맺었습니다.

고등학교 때도 제 성격은 변함이 없었고, 거기다가 공부를 해야 된다는 압박감 때문에 제 인간관계는 제가 생각해도 0점 이었습니다. 중학교 1년 때부터 고3때 까지 저를 돌아보면 매 학년마다 친구라고 해봐야 1~2명 정도에 불과하였고, 나머지 아이들과는 말도 잘하지 않는 수준 이었습니다. 점점 저는 남을 의식하게 되었습니다. 다른 아이들이 이런 저를 욕하고, 무시할거라 생각했고, 실제로도 그랬습니다. 몇몇 아이들은 제 내성적인 성격을 노골적으로 비아냥거렸고, 그럴수록 저는 점점 자신감을 잃어갔습니다.

중학교 1학년 때 한번 굳혀진 이미지는 3년 내내 갑니다. 1학년 때 내성적이었던 성격을 2,3학년 때는 바꾸기가 아주 힘듭니다. 고등학교 때도 마찬가지입니다. 내성적인 성격이라고 각인되어진 저는 3년 내내 그런 아이가 될 수밖에 없습니다.

이제 대학에 갑니다. 이제까지의 저의 성격을 아는 사람은 아무도 없을 것입니다. 하얀 백지에 제 성격을 다시 쓰고 싶습니다. 활달하고, 성격 좋고, 친구도 많은 사람이라는 평가를 받고 싶습니다. 하지만 그동안의 제 마음속에 잠재된 열등감과, 자신감이 결여된 제 마음을 한 순간에 고치기가 힘들 것 같아서 고민입니다. 대학에서도 처음에 내성적인 사람으로 각인되면 대학 내내 저는 외톨이가 될지도 모릅니다.

도와주십시오. 여러분의 은혜는 잊지 않겠습니다.

[의견 1]

음..그렇군요. 저는 아무래도 이런 말을 해드리고 싶네요.

자신감을 가지라고요. 하지만 이 말은 주위에서 많이 들으셨을테니 별 소용없겠죠. 그래도 우선은 자신감을 가지도록 노력하셨으면 좋겠네요.

님이 아무리 내성적이라 하더라도 그건 분명히 바꿀 수 있답니다. 님에 의해서요.

옛날 일들이 막 떠올라서 또 자꾸 인간관계를 맺는 것이 두려워지더라도 앞으로 지내가려면 님은 인간관계 맺는 것을 자신 없게 생각하시면 안 돼요.

그리고, 친구와 사귀려면 먼저 다가가세요. 남이 오기를 기다리지 마시고, 먼저 다가가서 사귀자고 해 보세요.설마 내치겠어요? 당연히 사귈 거예요.

님이 내성적이라고 다른 사람한테 욕먹고 그래도, 그건 님의 단점이 아니랍니다.
단지 성격일 뿐이에요. 그런데 인간관계엔 좀 안 맞는 성격일 뿐이죠.
제 주위에도 내성적인 친구가 여러 명 있는데, 친구가 많이 없는 애가 있고, 많이 있는 애가 있어요. 친구가 많이 없는 애들 보면 대부분 사람들한테 먼저 말을 걸지를 않더라고요. 님, 다른 사람들에게 먼저 말을 걸어보세요. 더듬거리거나 소리 죽이지 말고 밝은 목소리로 말을 거세요. 점점 그렇게 말을 걸고 사람들과 얘기하고 하면 어느새 내성적인 님의 모습이 조금씩 변해가는 것을 느끼실 거에요.
음, 전 이런 건 전문적이 아니라서 님이 바라는 말을 어떻게 해 드릴 순 없지만 그래도 자신감은 꼭 가지시고, 다른 사람한테 말도 자주 거세요. 그리고 다른 몇몇 사람들이 님을 노골적으로 비아냥거린다 해도 그건 그 사람들의 말일 뿐이지 님의 인생을 완전히 뒤바꿔놓는 그런 전지전능한 말이 아닌걸요. 그런 말, 무시해 버리세요. 그렇게 다른 사람이 비아냥거렸기 때문에 내 인생이 더 엉망이 됐다고 생각하신다면 절대 그렇게 생각하지 마시구요.
쓰다 보니 많이 길어졌네요. 님, 인간관계가 좋아지시기를 바래요!

[의견 2]

휴~ 참 제 예전을 보는 것 같아 안타깝군요...
저도 중학교 때까진 참 바보처럼 산 면이 없잖아 있었죠.
그냥 몇 안 되는 친구들과 소박하게 지냈는데
어느 날 그게 정말 증오할 정도로 싫더군요....
그래서 중학교 말 때부터는 별로 안 친한 아이들과 인사도 하고(진심으로)
끼어서 얘기도 하려고 하고 (물론 남의 이야기 잘 들어주는 게 기본. 억지로 말고 분위기 봐서)
그리고 주류에 끼려고 관심사를 비슷하게(게임을 같은 것을 한다던가)하고
버디, msn, 싸이(싸이는 비추천. 왜냐 지금부터 인맥 쌓기는...)등 하고요
운동도 열심히 하면서(저 같은 경우는 헬스, 달리기)
여자는 남자보듯 그러나 최소한의 매너는 필수^^(아무리 싫더라도)
유머도 몇 가지 보고 드라마도 인기 있는 건 반드시 보고(여자와의 인맥을...)
무엇에 대해 알더라도 잘난 척 금물. 그러나 상황에 적절히 대처
머리스타일이나 옷은 너무 안 튀지만 깔끔하고 최소한의 호감은 가도록
그런 식으로 하고 고등학교 올라간 저는 지금 인간관계 누구한테도 안 꿀립니다.
도움이 되셨으면 하네요. 힘내세요. ㅋㅋ^^

!! 무엇보다도 중요한건 자신감이에요 ㅋㅋ

[의견 3]

무언가....
가만히 정리해보세요.
내가 잘 할 수 있는 것이 무엇인가
내가 하고 싶은 것이 무엇인가.
어떤 사람에게 호감이 가는지.
동아리 활동 같은 거 좋겠네요.
사실 전 한창 바쁘게 사는 중년의 남자인데, 만나는 친구 하나 없어요.
어렸을 때도 몇몇 소수의 친구만 사귀고, 그러다 갈등이 생기면 헤어지고, 상처받고. 제 결혼식 때 친구 둘과 후배하나 초대했을 정도였지요.
그러나 의기소침하진 않았어요.(지금은 사귀고 싶으면 사귀고 거의 자유자재)
누구에게든 말 부치고 싶으면 부치고(가끔은 붙임성 있고 친절하다는 소리도 많이 들음) 사실 전 여러 가지 특기도 많고 일도 잘하고.......
자기개발에 힘써 남다른 특기가 있다면 좋게 될 것입니다.
누군가에게 고민 상담하면 도와 줄거고, 호감을 보이면 그 또한 당신에게 관심을 보이겠지요. 자신을 움츠리게 만드는 기억들을 일부러 꺼내는 것은 그만 두시고, 내 성격이 이렇다 저렇다 단정해 버리고 어느 틀에 자신을 가두는 일은 정말 위험합니다.
이말 어때요?
"세상만사 마음먹기 달렸다"
힘내세요. ★^^★

[의견 4]

힘드시겠군요.
제가 잘 알지는 못하지만, 힘껏 도와드리고 싶어요.
사실 친구란 괴롭히면서 장난치면서 점점 우정이 두터워지는 게 친구랍니다.
무엇보다 자신이 정해진 사람과 친해지는 건 별로 좋지 않은 거랍니다.
자신이 먼저 말을 걸어보는 것도 좋은 방법이죠.
그러면서 친구와의 관계가 싹트는 것이니까요.
또 무서운 면도 있어야 된다고 생각합니다.
그런 것이 없다면 친구들은 얕보면서 놀릴 테니까요.
아니면 무엇보다 자신의 특기를 계발하는 것도 좋아요.
그만큼 친구들이 알게 되면 먼저 친해지기를 바라는 친구도 생기는 법이거든요.
너무 내성적으로 아무 말도 하지 말고요.
또 가끔씩 친구들에게 재미있는 유머 이야기도 해 주시는 게 좋은데 유치하게 생각하실지 모르겠네요.
제 생각으론 친구 관계는 중요합니다.
우리가 사회에서 살아가려면 3분의 1로 중요한 것이 사람과 사람의 관계거든요.
친구에서 자신의 고민을 탁 털어놓아도 좋아요.
그럴수록 친구도 '아, 이 애가 나를 그 정도로 믿고 있구나.'
하는 생각이 들거든요.
그럼 이만 마칠게요.
힘내세요~!!!
출처 : 내 생각

[의견 5]

안녕하세요 ^^
정말 걱정이 많으시겠네요..
저는 운동을 해보심을 적극 추천해드립니다~ ^^
아니면 마술도 괜찮을 것 같네요.
제가 보기에는 '자신감'이 절대적으로 필요하신 것 같습니다!!
운동이 우울증이라든지 아니면 자신감을 갖게 되는데 많은 도움이 된다고 해요.
실제로 저 같은 경우에도 그랬구요.
어떤 운동을 하시냐에 따라서도 조금씩 차이가 있겠지만 정말 이 악물고 성격을 바꿔보실 생각으로 하신다면 격투기 쪽이 어떨까 싶네요. 태권도 혹은 검도, 이런 종류요.
아니면 농구 같은 종류의 스포츠도 괜찮을 듯싶습니다.
운동을 꾸준히 하시면서 실력이 어느 정도 붙게 되면 뭔가 뿌듯함이랄까요? ^^;
그런 게 생겨요~ 운동신경이 나쁘시더라도 자신감을 가지시고 열심히 해보세요.
운동에 재미를 붙이시면 성격 고치시는데 정말 많은 도움이 되실 겁니다.
실제로 제 주위에서도 그런 경우를 많이 봤어요.
마술 같은 경우를 추천해 드린 이유는 이은결씨도 엄청 내성적이셨는데 마술을 하시면서 성격을 고치셨다고 해요.
제가 권해드릴 건 이정도까지네요.
운동을 하시면서 자신감을 키우세요!! 그리고 꼭 성격을 바꿔야한다는 부담감을 너무 많이 갖지 마세요.
운동을 하시게 된다면 운동을 즐기고 운동 자체만을 생각하고 열심히 해보세요.
그리고 '목표'를 세우는 것도 좋은 방법 중에 하나에요.
무작정 하는 것보다는 목표를 정하고 그 목표를 달성했을 때 느끼는 성취감 같은 게 자신감을 갖게 되는데 큰 도움이 된답니다. ^^
조금이나마 도움이 되셨다면 좋겠네요.

제14장 군대

<교수-학습계획안>

주제	군대생활 이해하고 준비하기				
학습목표	군대 생활 이해 수준 향상, 의미 있는 군대생활 준비, 학업의 연계성 고려하여 1학년 생활 알차게 하기				
학습단계	학습내용	교수-학습 과정		시간(분)	자료 및 유의점
		교수	학생		
도입	군대 생활 준비의 필요성	- 군대생활을 준비해야 하는 이유와, 제대 후 학업의 지속성을 고려한 군대생활 계획에 대해 설명한다.	- 군대생활 준비와 정당한 가치 평가를 통한 미래 설계 필요성 인식	5	교수자료
전개	자료정리	- 나의 전역일자 계산해보기 - 관련 도서 읽고 정리하기 • '군대에서 미래 설계하기'/김이훈(한솜미디어) • 군대 역종(현역, 상근예비역, 보충역:공익근무요원, 제2보충역)에 대해 모둠별 발표	- 예상 입대 일자에 맞춰 전역일자 계산해보기 - 모둠별 발표	15	교수자료
	토론	- 군대 생활의 의의 찾아보기	- 모둠별 토론을 통해 군대 생활의 정당한 가치를 찾아 발표한다.	10	동영상 활동지 14-1
		- 군대에서 할 수 있는 일 목록 만들기	- 군대에서 하고 싶은 일의 우선순위 매겨서 모둠원끼리 비교 토론해 보기	5	활동지 14-1
		- 군대생활 준비하기	- 의미 있는 군대 생활을 준비하기 위해 지금 해야 할 일 찾기	10	활동지 14-2
정리	군대생활과 미래 준비	- 군대생활 준비 "군대는 찾고자 하는 사람에게만 보이는 보물섬이다"	- 군대 생활에 대한 인식 전환, 학업 연계성 고려	5	

〈학습자료〉

학습내용 1. 군 복무 기간

1. 현역병 복무기간

• 입대일자에 따른 단축일수 조견표

군별	현행	단축 후	단축방법
육군병, 해병병	24개월	18월(-6)	'06.1.3~'11.1.1일 입영자 : 3주단위 1일씩 '11.1.2~'14.7.26일 입영자 : 2주단위 1일씩
해군	26개월	20월(-6)	'05.11.3~'11.1.2일 입영자 : 3주단위 1일씩 '11.1.3~'14.6.15일 입영자 : 2주단위 1일씩
공군	27개월	21월(-6)	'05.10.3~'10.12.24일 입영자 : 3주단위 1일씩 '10.12.25~'14.5.18일 입영자 : 2주단위 1일씩

• 전역예정일 자동계산 프로그램 다운받기 (병무청 http://www.mma.go.kr/kor/index.html)
• 시행 : '08.1.1일부
• 상근예비역(육군, 해군, 해병)의 복무기간 단축은 육군병, 해병병과 동일
• 현역병 복무
• 입영부대에서 기본군사 훈련(5주)을 받은 후 부대 배치

학습내용 2. 군대에서 학업 연계활동하기

1. 병영 환경 개선과 복지 증진(국방뉴스 2009년 2월 27일자)

국방부는 지난 한 해 동안 병영 생활관 현대화, 장병 삶의 질 향상, 의료지원체계 발전 등 장병들의 복지 증진에도 힘써 왔다. 특히 신세대 장병들의 성장환경을 고려, 열악한 병영시설 개선을 통해 장병 삶의 질 향상과 사기복지 증진을 도모했다. 이를 위해 2013년까지 마치기로 했던 병영 생활관 개선은 2012년으로 1년 앞당기기로 했고 2015년까지 개선하기로 했던 독신자 숙소는 2012년까지 마무리하기로 했다.

협소·노후한 군 관사도 국민평균 수준 규모로 향상시켜 간부들의 생활여건도 개선해 나가기로 했다. 또 중령 직책별 특정업무비를 신설하고 잠수함수당과 서해 5도 특수지 수당 등을 인상하는 등 장병들이 안정된 가운데 군 복무가 가능하도록 다양한 복지정책을 추진했다. 이 외에도 직업군인 주거복지 향상과 내 집 마련 지원기반 확충을 위해 10년

이상 장기복무군인을 주택특별공급 대상에 포함시켰다.

의료지원체계도 선진군대 수준으로 발전시키기 위해 환자 중심의 편안하고 질 높은 의료서비스 제공을 위해 사단의무대의 능력을 보강했다. 이에 따라 사단의무대의 진료과목이 2~6개과에서 3~9개과로 늘어났고 진료장비도 디지털 X-선기 등 40항목으로 대폭 보강됐다. 더불어 의무복무자에 대한 국가책임 강화를 위해 병사들에 대한 전역 전 건강검진 시범사업을 추진했고 군병원에 민간 전문계약직 의사를 채용했다.

글로벌 인재 육성을 위한 군 인적자원개발 정책도 추진해 왔다. 군 복무 중 중단 없는 학습과 자기 계발 여건 조성을 위해 사이버 지식 정보방을 설치했고 이 사이버지식정보방에 어학·자격증·IT 등 다양한 학습콘텐츠를 탑재했다. 또 원격교육(On-Line)으로 학점을 취득할 수 있는 대학수를 6개에서 25로 크게 늘렸고 병과학교에서 받은 군 교육훈련 과정을 학점을 인정하는 교육기관도 18개 기관 82개 과정에서 22개 기관 94개 과정으로 확대했다.

2. 국방부 병사 복지지원 자기개발(국방부 http://www.mnd.go.kr/)

- 군은 장병들의 자기계발 욕구를 해소시켜주기 위해 군 복무중 학점취득과 국가기술자격 취득여건을 확대하는 등 군이 필요로 하는 인력을 효율적으로 육성함과 동시에 평생교육차원에서 장병 개개인의 자기발전을 지원하여 생산적인 병영생활과 개인, 군 및 국가의 경쟁력을 강화하고 있습니다.

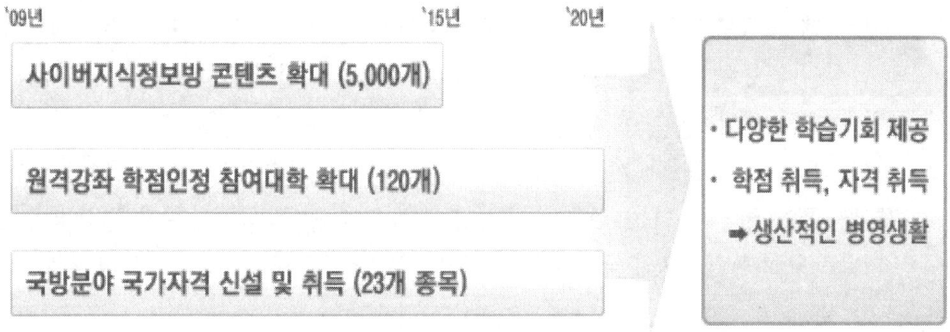

- 군 복무중인 병사들의 자기계발 기회를 확대하고 있습니다. 2006년부터 군 부대에도 주40시간 근무제(토요 휴무)가 도입되어 여가 시간이 주당 10~20시간 이상으로 확대됨에 따라 군 복무중인 병사들의 자기계발에 대한 관심이 높아가고 있습니다. 과거와는 달리 군 입대하는 병사들에게 있어서의 군복무는 나라를 지킨다는 명분뿐만이

아닌 새로운 생활을 준비하는 또 하나의 도약의 계기로 인식되고 있습니다. 따라서 이러한 신세대 장병들의 자기계발 욕구를 해소시켜 주기 위해 군 복무 중 학점취득과 군 우수 직무분야에 대한 국가기술자격 취득기회 확대를 적극 추진하고 있습니다.

- 군 복무 중 중단 없는 학습여건을 마련하고 있습니다. 병사들의 학습여건을 마련하기 위해 각 중대급 부대에 약 5만 여대의 PC를 설치하여 사이버지식정보방을 구축하였으며, 이를 통해서 최신의 다양한 정보를 병영 내에서도 실시간으로 습득할 수 있을 뿐만 아니라 입대 전 소속 대학의 학점을 온라인을 취득할 수 있는 기반을 마련하였습니다. 병사들의 군 복무 중 학점취득 인정에 참여한 대학은 '09년도 41개 대학으로 '10년도에 50여개 대학을 목표로 추진하고 있으며, '15년도 이후에는 120개로 확대할 예정입니다. 군 복무중 이수하는 군 교육훈련 과정도 역시 교육과학기술부의 평가를 통해 학점으로 인정받고 있으며. 현재까지 평가 인정된 과정은 22개교 94개 과정으로 이는 향후 지속적으로 확대해 나갈 계획입니다.
- 군 기술인력 양성과 국가기술자격 취득을 적극 추진하고 있습니다. 정밀무기체계 및 첨단 과학 장비를 보유하고 있는 우리 군은 이를 운용할 수 있는 기술 인력을 자체 양성하고 있습니다. 그리고 이들을 효율적으로 운용하기 위해 다양한 특기를 부여하거나 특기별 기술교육을 통한 자체 자격을 부여해 왔습니다. 이를 위해 노동부 등 관련부처와 협의하여 국가 기술자격 필기시험을 면제하고 군 특수 분야에 대한 국가자격을 신설하는 등 병사들의 국가기술자격 취득기회가 확대되도록 적극 지원하고 있습니다. 또한, 병사들이 전역 전 1인1자격 이상을 취득할 수 있도록 계획을 수립, 추진 중에 있습니다. 이로써 2012년에 전역예정 장병 전원의 1개 자격 이상 취득 목표 달성이 가능할 것으로 판단되며 장병 취업여건 개선과 군 전투력 향상에 크게 기여할 것으로 전망됩니다.
- 군대는 또 다른 거대한 사회교육기관이라고 할 수 있습니다. 우리 군은 교육훈련을 통하여 군이 필요로 하는 인력을 육성함과 동시에 평생교육 차원에서 장병 개개인의 자기발전을 지원함으로써 국가차원의 인적자원개발정책에도 적극 앞장설 계획입니다.

3. 군대 학점은행제 시행 1년 성과(국방뉴스 2008년 7월 11일자)

2007년 4월 학점인정 등에 관한 법률이 개정됨에 따라 군 복무 중에도 학점을 취득할 수 있는 법적 뒷받침이 마련됐습니다. 이어 같은 해 11월 국방부는 강원대, 건양대, 경상대, 영남대, 원광대, 인하대, 전남대, 전북대, 제주대, 중앙대, 충남대, 영남이공대학 등 12개 대학과 '군 교육훈련 학점인정을 위한 협약'을 체결했습니다.

군에서 이뤄지는 학습활동이 대학의 학칙이 정하는 범위 내에서 학점으로 인정받게 되는 길이 열린 것입니다. 학점은 한 학기에 3학점, 연간 6학점까지 취득할 수 있습니다. 뿐만 아니라 군 교육훈련 과정 중 한국 교육개발원의 평가 인정을 받은 과정 이수자는 한 과정 당 2~3학점을 대학 또는 학점은행제 학점으로 인정받을 수 있게 된 것입니다.

국방부에 따르면 현재 병영 내에는 병사 8명당 1대인 3만 2719대의 PC를 갖춘 사이버 지식 정보방이 설치돼 있습니다. 또한 각종 학습 콘텐츠를 탑재한 군 e -러닝 포털을 구축해 35만 여명의 장병이 1일 평균 약 2시간 10분을 학습에 활용하고 있는 것으로 나타났습니다. 그 결과 지난 3월까지 학점 은행제를 통해 831명이 군사학사 학위를 받았으며 2만 3천여명의 병사가 교육훈련과정을 통해 학점을 취득할 예정입니다. 군복무가 더 이상 인생의 공백기나 사회와의 단절을 의미하지 않습니다. 국방부는 제2의 교육기관으로서 사회에 필요한 인적자원 육성에도 힘쓰고 있습니다.

4. 군 복무 중 학점취득 병사 증가(국방뉴스 2009년 1월 12일자)

국방부는 군 복무로 인한 학업 단절을 막기 위해 2007년 고등교육법과 학점인정 등에 관한 법률 등을 개정해 같은 해 9월부터 '대학 원격강좌 수강을 통한 학점 취득 프로그램'을 운영하고 있습니다. 이를 위해 2006년부터 민간투자사업으로 3천 300여개의 사이버 지식정보방을 중대급 이상 부대에 만들었으며 4만여 대의 컴퓨터를 보급했습니다.

프로그램이 시작된 2007년 2학기에 수강 신청을 한 병사는 134명이었으며 이중 110명이 학점을 이수해 82%의 높은 이수율을 보였습니다. 2008년 1학기에는 207명의 병사가 수강 신청을 했으며, 이 중 187명이 학점을 이수해, 90%의 이수율을 기록했습니다. 프로그램에 참여하는 대학과 개설강좌 수도 늘어났습니다. 2007년 2학기에는 5개 대학, 40개 강좌. 2008년 2학기에는 충남대 등 16개 대학이 추가돼 스물다섯개 대학에서 841개의 강좌가 개설됐습니다.

국방부는 앞으로 보다 많은 병사들이 학점을 취득할 수 있도록 이 프로그램에 참여하지 않는 대학과도 학점이 상호 교류될 수 있도록 프로그램을 보완할 계획입니다.

학습내용 3. 군대 생활의 의미

동영상 보기 : 군대를 가야 이런 것들을 안다.

(출처 : http://tvpot.daum.net/clip/ClipViewByVid.do?vid=vrUouzrWJz0$)

학습내용 4. 군대에서 미래 설계하기

1. 입대하기 전에 미리 하면 좋은 것들

- 바느질 배우기
- 기본 체력(달리기)을 만들자
- 여자 친구 만들기
- 목소리 크게 하기
- 탁구, 축구, 농구, 족구 등 한 가지 운동이라도 잘 할 수 있도록 하기
- 입대 전날 초코파이 한 박스 먹기
- 다림질 배우기
- 기본적인 10대 군가는 미리 배우고 가자
- 밥 빨리 먹는 습관들이기
- 후회 없이 놀아보기

2. 군대에서 하고 싶은 일

- 책 100권 읽기
- 자격증 최소한 3개 따기
- 외국어(영어, 일어, 중국어 등) 마스터 하기
- 악기(기타 등) 배우기
- 탁구, 농구 , 축구 등 운동 배우기
- 권상우 같은 몸만들기
- 수능 보기(자신과의 싸움, 의외로 수능 공부하는 사람들도 꽤 있다)
- 컴퓨터 마스터하기
- 춤 배우기
- 군에 있는 모든 전우와 다 친해지기

(자료출처: “군대에서 미래 설계하기”, 김이훈, 한솜 미디어)

학습내용 5. 재미있게 보는 군대의 보직들

소총수	장점	평범. 평범하다는 건 쉽게 말해서 어지간히 바보가 아닌 이상 중간은 간다는 것이다.
	단점	교육작업훈련행군교육작업훈련행군교육작업훈련행군교육작업훈련행군...
행정병	장점	작업 열외! 교육 열외! 몸은 편하다. 운 좋으면 2년 내내 놀다 가기도 한다.
	단점	운 없으면 매일 야근한다. 그리고 부대원들에게 소외당한다. 땡보(땡잡은 보직)라고 한다.
전차병	장점	육군에서 유일하게 베레모를 쓰는 부대이다. 훈련 시 행군은 면한다.
	단점	사소한 일로도 큰 사고가 날 수 있기 때문에 군기가 세다.
포 병	장점	보병은 3보 이상 구보. 포병은 3보 이상 승차. 훈련 시 차량에 탑승해서 이동한다. 군 생활에서 행군이 의외로 사람 힘들게 하는 요소이다.
	단점	무거운 걸 많이 든다. 잘못하면 허리 다친다.
헌 병	장점	병사들 중 유일하게 힘이 있다. 사람들이 군 생활 힘들게 했다고 인정해준다.
	단점	서 있는다. 하루 종일. 그냥. 아무 의미 없이. 군기도 세다.
군악대	장점	악기는 제법 잘 다루게 된다.
	단점	높은 사람들 있는 곳에서 행사도 많이 하는데 그런데서 실수라도 하면... 뭐, 굳이 설명하지 않겠다.
의장대	장점	육군에서 가장 폼 나는 병사들이다. 매일같이 총 돌리고 사열하는 게 일과다 보니 행동 하나하나가 다 멋있다. 행사 때마다 의장대보면 감동의 눈물이 저절로 흐른다.
	단점	아까 눈물 흘린 거, 감동 때문만은 아니다. 불쌍해서다. 매일 총만 돌리다보니 머리가 다 굳어버렸다. 군기는 또 어찌나 센지...
운전병	장점	훈련 시 행군 안한다. 장군 급 운전병일 경우 사복입고 다닌다. 밖에 자주 나갔다 올 수 있다. 차 안에서 대기하면서 책 읽거나 공부할 시간도 있다.
	단점	자다보면 한밤중에 사령이 심부름 하라고 깨운다.
당번병	장점	자유시간이 엄청나게 많다. 계속 당번병실에만 앉아있다 보니 하루에 책 한 권은 기본이고 아예 전공서적까지 공부할 수도 있다. 커피를 맛있게 타는 방법을 알게 된다. 물 2ml의 오묘함을 안다.
	단점	삐끗 실수라도 하면... 굳이 길게 설명하지는 않겠다. 당번병이 모시는 사람은 최소 대대장이란건만 알아두도록. 그리고 땡보이기 때문에 붙는 숙명, 내무실의 따돌림이 있다.

- 육군보직 종류 : 보병. 기갑. 야포. 방공. 정보. 공병. 통신. 항공. 화학. 보급. 정비. 군종. 수송. 부관. 의무. 보급. 취사. 운전 등

(출처 : 네이버 지식iN : 글 blumarp | 2009.03.07)

* 군대 조직 및 관련 정보는 아래 주소에 링크하면 자세하게 알 수 있습니다.
 국방부 http://www.mnd.go.kr/
 국방부 소개 > 조직도 및 연락처 > 관련 사항 클릭하면 각종 군대 관련 정보를 볼 수 있음.

* 활동지 14-1 : 군대 생활의 의미

※ 군대 생활은 나에게 어떤 의미가 있을까요? 군대에서 하고 싶은 일을 우선순위대로 적어봅시다. 1. 군대 생활은 나에게 어떤 의미가 있을까요? 의미를 찾아봅시다. 2. 군대에서 하고 싶은 일을 우선순위를 매겨 적어봅시다.

* 활동지 14-2 : 지금 해야 할 일

※ 의미 있는 군대 생활이 되도록 하기 위하여 지금 무엇을 준비해야 할까요? 1. 항목 2. 장점 3. 애로사항 및 해결책

제15장 축제

<교수-학습계획안>

<table>
<tr><td>주제</td><td colspan="5">축제에 대한 올바른 이해와 주인의식 고취</td></tr>
<tr><td>학습목표</td><td colspan="5">축제에 대한 올바른 시각 형성과 행사 기획 체험으로 관심을 증대시키고 적극적 참여 유도하여 성공적 대학생활 촉진</td></tr>
<tr><td rowspan="2">학습단계</td><td rowspan="2">학습내용</td><td colspan="2">교수-학습 과정</td><td rowspan="2">시간(분)</td><td rowspan="2">자료 및 유의점</td></tr>
<tr><td>교수</td><td>학생</td></tr>
<tr><td>도입</td><td>대학축제 문화</td><td>- 교수자료에 따른 강의
1. 대학 축제 문화의 변천사
2. 대학 축제 의미
3. 세계 각국 대학들의 축제 문화</td><td>- 수업을 듣고 활동지에 해당 내용을 요약 정리</td><td>10</td><td>교수자료</td></tr>
<tr><td rowspan="4">전개</td><td>자료정리</td><td>- 선행 과제 & 프린트물 제공-정리유도-토론주제화 :
• 타대학 1개교 선정하여 축제에 대한 선행 조사
• 부모님 시절의 축제에 대해 알아오기</td><td>- 프린트물을 분석
활동지에 정리 작성하기
토론거리 준비</td><td>10</td><td>활동지 15-1</td></tr>
<tr><td rowspan="3">토론</td><td>- 활동지에 정리 작성한 내용을 기반으로 주제 없이 자유로운 전체 토론 유도</td><td>- 축제의 과거와 현재
- 축제의 의미
- 의미 있는 축제에 대한 정의</td><td>10</td><td>교수자료</td></tr>
<tr><td>- 교수자의 토론 방향 정리하기 : 그러면 어떤 내용과 방식의 축제가 되었으면 좋을까?</td><td>- 제시된 축제 내용과 방식의 장단점 토론(대차대조표 만들어보기)</td><td>5</td><td>활동지 15-2</td></tr>
<tr><td>- 축제 기획 체험유도</td><td>- 제시된 결과에 따라 기획자가 되어 축제를 기획해 보도록 한다.
예) 2000만원의 가상 예산 책정 (지난해 예산, 결산서 제공)</td><td>10</td><td>활동지 15-3</td></tr>
<tr><td>정리</td><td>대학 축제의 나아갈 방향</td><td>- 축제 문화의 과거와 현재 -> 올바른 시각 -> 자신이 직접 축제 기획-> 관심 높아짐 -> 적극적 참여 -> 성공적 대학 생활</td><td>- 학습정리</td><td>5</td><td>교수자료</td></tr>
</table>

〈학습자료〉

학습내용 1. 대학 축제 문화의 변천사

◇ 50-60년대 → '축전' 의 시기

대학생이 희소했고 엘리트계층에 속한 만큼 축제 또한 대학인만의 특수문화적 성격이 강했던 시기다. 축전이란 명칭을 썼던 데서도 드러나듯이 행사적 성격이 강했다. 연세대, 이화여대 등에 여왕대관식 등이 있었고 단과대별 특별경연대회, 무용, 촌극 등 오늘날 대학축제의 기본 틀이 마련됐다. 1960년대에 들어서면서 마라톤, 포크댄스, 가장행렬 등의 오락위주 행사와 학술제가 등장했다. 외부인사 초청, 학술강연회 발표회 등이 1960년대 후반에 자리 잡았다. 대학문화의 올바른 자리매김을 위한 모색의 시기라 할 수 있다.

◇ 70년대 → '낭만과 전통계승' 의 혼재 시기

학술제, 예술제, 체육제 등 축제의 기본적 면모가 갖춰졌다. 학술적 기념행사보다는 오락성 행사들이 차츰 각광을 받기 시작했다. 대중문화가 캠퍼스에 침투하면서 쌍쌍파티 등 단순히 흥미를 위주로 한 '내용없는 화려한 축제'에 대한 반성이 제기됐다. 서구문화의 낭만성과 한국 전통문화의 계승이서로 양립했던 시기다. 비정치적 축제가 전환, 정치성이 가미된 것은 1975년 '10월 유신' 전후부터이다. 그간의 오락적 행사에 대한 회의가 대두하면서 민족성, 민주성 회복이 각 대학 축제의 화두로 등장했다. 70년대는 대학축제가 지녀야 할 정체성에 대한 모색과 함께 '우리 것을 찾자'는 모토가 강하게 제기된 시기였다.

◇ 80년대 → '시위와 투쟁' 의 시기

광주민중항쟁으로 시작한 80년대는 축제의 낭만성이 거세된 연대였다. 축제는 공동체 정신을 통해 집단적 저항이라는 새로운 형태의 정치 실현의 연장선상에 있는 '이념실현의 행사성격'이 강했다. 비록 예전의 오락프로그램이 잔존했지만 대세는 아니었고 낭만과 오락은 사치를 뛰어넘어 죄악으로 간주되던 시기였다. 이때부터 축제의 의미부여에 대해 입장별로 견해를 달리하며 양극화 조짐이 보이기 시작했다. 축제는 대부분 반군부정권 시위로 끝나기 일쑤였다. 탈춤 마당극, 노래극, 풍물 등이 축제의 '단골 레퍼터리'였다. 80년대는 다양성은 위축된 반면 공동체 문화로 전환하려는 노력이 치열했던 시기였다. 반면 획일주의 문화의 위험성이 배태된 시기이기도 하다.

◇ 90년대 → '대동제' 공동체의식과 다양성의 충돌시기

80년대 중후반 싹트기 시작한 '대동제'란 용어가 캠퍼스 축제의 공식용어로 자리 잡았다. '신세대'라고 하는 새로운 세대가 출현하면서 감수성의 충돌이 빚어졌다. 대동제라는 '모두가 하나 되자'는 용어와 어울리지 않게 이 시기의 키워드는 다양성이다. 80년대의 '정치의 시대는 가고 90년대 문화의 시대가 오도다.'가 정확한 모토인 셈이다. 강연회나 학술행사는 흥행 면에서 초토화된 스코어를 보이는 반면 연예인 초청공연, 장터, 쌍쌍 파티 등 오락성 행사는 암표 노숙을 불사할 정도로 성황이다. 시대적으로 대학인도 예전의 엘리트의식에서 벗어났고 오직 '재미'란 단어로 대중문화와 대학문화가 일원화되는 징후가 강하게 나타났다.

◇ 2000년대~현재

70년대 통기타문화, 80년대 '김민기'류의 운동권가요 문화 등 청년문화 코드가 존재한 반면 이 시기는 청년문화가 대중문화와 특별히 구별되지 않는다. 그런 만큼 대학축제의 변별성도 당연히 사라졌다. 청년문화를 선도하기보다는 오히려 대중문화도 당세에 눌려 끌려간다는 측면이 강하다. 이는 초청연예인에서도 드러나고 있다. 술 중심 축제문화, 사행성 놀음과 장터 등 수익성 상행위의 성행, 각 기업체의 상품홍보 경연장이 된 것도 이 시기 대학축제의 특별한 코드이다.

(출처 : 전교학 신문)

* 활동지 15-1 : 대학축제 문화의 변천

※ 대학 축제는 어떤 모습이어야 할까요? 대학 축제 문화의 시작과 시대의 흐름에 따른 대학 축제 문화의 변화 양상을 시대별로 정리해 봅니다.

학습내용 2. 대학 축제의 의미

어느 학생이 참여했던 대학 축제에 대한 경험담을 통해서 축제의 흐름의 한 예를 살펴보고 그 학생의 개인적 경험을 바탕으로 논의의 범위를 확대시켜 '대학 축제의 전반적인 의미'에 대해서 고찰하게 한다. 이 부분은 크게 두 부분으로 나뉜다. 첫 부분에는 어느 학생이 참여했던 대학 축제에 대한 경험담을 기술해 놓았다. 축제의 여러 가지 행사를 중심으로 그 행사가 대학 축제에서 갖는 의미를 파악해보려 하였다. 각각의 행사들이 모여 축제를 이루는 것이므로 세부적인 파악이 중요할 것이라고 생각했기 때문이다. 두 번째 부분에는 개인적 경험을 바탕으로 논의의 범위를 확대시켜 '대학 축제의 전반적인 의미'에 대해서 어느 학생의 고찰해 본 점이다.

[어느 학생의 축제 경험]

2003년 9월 29일, 흥겨운 자진모리 가락이 청주교대 축제의 시작을 알렸다. 작년에 나는 1학년이었기 때문에, 대학 축제를 처음 접해본다는 데에 더욱 부푼 기대를 안고 있었다. 축제의 시작은 '국연' 이라는 사물놀이 동아리의 길놀이로 시작되었다. 나 또한 그 동아리의 일원으로 열심히 상모를 돌렸다. 축제의 처음을 알리는 '길놀이'가 끝났고, 나는 스스로 이런 질문을 하게 되었다. 그 많고 많은 행사 중에 왜 길놀이가 축제의 처음을 알리는 것일까?'축제를 단순히 우리 학교에만 고정시킬 것이 아니라, 통시적 관점에서 바라보니 그 해결의 실마리가 보이는 듯 했다.

과거 우리 선조들의 마을 축제를 살펴보면, '농악' 이라는 것이 결코 빠지지 않음을 알 수 있다. 힘들고 고된 농사일을 잠시 뒤로하고, 풍악을 울리며 '樂'을 즐기는 우리 선조들의 모습... 그러한 지역사회의 축제 전통이 맥을 이어와 '풍물= 축제의 시작' 이라는 공식이 성립된 게 아닌가 싶다. 또한 길놀이란 것은 어떤 행사의 '길을 튼다'하는 의미를 지니고 있다고도 한다. 내가 길놀이에 직접 참여하였기 때문에 이 행사에 대해서는 객관적 거리를 유지하지 못했을 수도 있다.

그러나 기회가 주어진다면, 어떠한 행위든 그저 바라보기보다는 직접 참여해 보는 것이 더욱 의미 있는 일이라고 생각했다. 그래서 꽹과리, 징, 북, 장구를 맡으신 선배님들과 함께 열심히 소고를 치면서 상모를 돌렸다. 우리의 '樂'이 청주교대를 울려 부디 축제가 진행되는 3일 동안 학생들 모두가 즐거울 수 있게 해 달라고 마음속으로 빌면서 말이다. 축제의 시작을 알리는 행사에 참여했다는 것이 개인적으로는 영광이었다.

그럼 지금부터는 내가 객체의 입장에서 관찰했던 몇 가지 행사에 대해 기술해 보겠다. 우선, 첫날에 진행되었던 '커플링을 잡아라' 라는 프로그램이다. 우리 학교 자체적 프로그램 중에서는 가장 많은 관객이 모인 프로그램이기도 하다. 이 게임은 두 명의 남녀 사회자가 진행을 맡았으며, 총 다섯 커플이 참여하였다. 사회자가 준비한 질문이나 게임에서가장 높은 점수를 얻은 커플이 말 그대로 커플링을 차지하게 되는 것이다. 여기서 나는 크게 두 가지 측면에 주목해 보았다.

첫 번째로 '커플링의 의미'이다. 과거에는 주로 기혼일 경우, 혹은 결혼을 약속한 경우에만 같은 반지를 끼는 경우가 많았지만, 지금은 사귄다고 하면 커플링을 맞추는 것이 의례적이다. 물론 개인적 차이가 있을 수는 있겠지만, 그것이 현재의 추세이다. 커플링은 요즘 신세대 사이에서 그들이 연인 사이임을 증명하는 가장 단적인 징표로 쓰인다는 것을 알 수 있다. 이러한 사실로부터, 왜 이 행사가 다른 많은 것 중에서도 '커플링'을 행사 선물로 내 놓은 것인지를 유추할 수 있었다.

두 번째로, 그 행사 자체의 의미이다. 게임을 하여 상품을 주는 행사는 그 외에도 많았다. 그럼에도 불구하고, 그 행사에 가장 많은 사람이 모였던 이유는 무엇일까? 그것은 아마도 행사 참여자의 연령에 기인할 것이다. 만약에 주 관객층이 40-50대였다면 그들은 이 행사를 보지 않고 주막에 가서 술을 마시거나 엿장수를 찾아갔을 것이다. (지역 사회의 축제에서 흔히 볼 수 있는 모습들이다) 즉, 연령층에 따른 관심사가 판이하게 다른 것이다.

이 행사가 그토록 인기가 있었던 것은 아마도 관객층이 거의 10대 후반이거나 20대 초반이었기 때문일 것이다. 그 자리에는 교복을 입은 채 자리에 앉아있는 고등학생들도 꽤 많았다. 사회자들은 '마지막으로 키스한 때와 장소는?'과 같은 난감한 질문도 서슴지 않았으며 그때마다 관객들은 환호성과 야유를 함께 보내기도 했다. 관객들은 프로그램에 참가한 커플들을 부러워하기도 하고, 시기하기도 하면서 즐겁게 행사를 지켜보는 듯 했다.

실제로 내 옆에 앉은 고등학생 한 명에게 여기 오니까 재미있냐고 묻자, 대학교 축제라 그런지 재미있는 것 같다고 말했던 것으로 기억한다. 그 행사장에 모인 사람들의 나이, 성격, 이성관은 각양각색이지만, 사랑은 그들 모두의 관심사였다. 비단 우리 학교뿐만 아니라, 전국 대다수의 대학 축제에서 이성과의 참여로 이루어지는 프로그램을 찾아 볼 수 있다는 것을 보면 알 수 있다.

20대 최대의 화두는 역시 '사랑과 연애' 이다. 얼마 전, 한 신문사가 전국의 대학생들을 대상으로 표본 조사를 벌인 결과에 따르면 취업과 이성문제가 가장 큰 고민거리인 것으로 조사됐다. 취업은 경기침체로 불거진 일시적 문제이지만, 이성에 대한 문제는 동서고금을 막론하고 젊은이들의 핵심적 화두가 아닌가 생각된다. '커플링을 잡아라'는 우리의 20대들이 '사랑'이라는 문제에 대해 얼마나 관심이 많은지를 여실히 보여주었다. 대학생을 주체로 하는 대학 축제가 대학생의 주요 관심사를 대변하는 것은 어찌 보면 당연한 일인 것이다.

그 다음으로는 '국어과 주막' 이다. 일반적으로 학과나 동아리에서 친목도모를 위해서 술자리를 마련할 때에는 '일일 호프'라는 용어를 사용한다. 이렇게 학기 중에는 '호프'라 일컬어지는 행사가, 축제에서는 일반적으로 '주막'이라는 용어로 돌변해버린다. 개인적인 생각으로 이것은 과거의 대학 축제의 명맥이 유지되고 있다는 증거라고 생각한다. '대학 축제'란 말 속에서 미미하게나마 여전히 과거의 '막걸리 문화'의 이미지가 풍기는 것과도 같은 이치이다. 지금부터는 다시 '국어과 주막' 행사에 대한 이야기를 해 보겠다.

이 행사는 그리 특별할 것이 없다. 천막을 쳐 놓고 바닥에 평상을 갖다 놓았을 뿐이다. 그곳에 사람들이 많이 모인 이유는 무엇일까? 그것은 술과 안주가 있었기 때문이다. 그렇다면 그게 전부였을까? 아니다. 그곳에는 '사람'이 있었다. 더 구체적으로 말하자면, 사람 냄새가 풍겼다. 나는 국어과 주막이 여타의 행사들과 조금 다르다는 것을 발견했다. 주로 무대 쪽을 바라보거나, 돈을 내고 게임을 하는 일방적인 것이었다면, 주막에서는 상대방의 얼굴을 바라보며 서로 이야기 나누는 '상호작용'이 가능했던 것이다. 다시 말해, 다른 행사는 혼자서도 참여할 수 있다.

그러나 주막에 가서 혼자 이야기하며 술을 마시는 사람은 없지 않은가? 주막에 온 사람들은 자리를 잡고 삼삼오오 모여 저마다 담소를 나누었다. 서로의 얼굴을 바라보며 자신의 이야기도 하고 상대방 이야기도 들어주고... 개인주의에 익숙한 현대를 사는 우리에게 사람이란 그리운 존재일 것이다. 엉성한 천막과 평상에도 불구하고 이것이 국어과 주막에 사람들의 발길이 끊이지 않은 이유일 것이다. 쌍방향의 interaction! 이것이 바로 국어과 주막 행사의 핵심이었다. 개인주의에 익숙해져 사람이 그리운 시대에, 대학생들에게 다른 사람과 의사소통을 할 기회를 제공한다는 점에서 대학 축제의 행사로서 손색이 없었다.

다음으로 10월 1일, 축제의 마지막 날 있었던 가수 초청 공연이었다. 영화 '클래식'의 OST를 불렀던 '자전거 탄 풍경'이라는 가수들의 공연이었다. 가수들의 유명세 덕분인지 꽤 많은 사람들이 모여들었다. 학생들은 가수들의 살아있는 목소리에 환호하였고 몸으로 리듬을 타며 함께 행사를 즐기는 등 마치 작은 콘서트를 연상하게 했다. 일부 사람들은 학생들이 가수를 보고 열광하는 것이 자신의 정체성이 부족해서라고 말하며 혀를 내두르기도 한다. 그러나 그런 팬들은 소수일 뿐이고 대다수의 학생들은 건전하게 콘서트를 즐긴다.

그들에게 있어서 Live란 단순히 가수들의 생음악을 의미하는 것이 아니다. 그들은 소리를 지르고 함께 춤을 추는 열정을 통해 자신이 '살아있음'을 느끼는 것이다. 현실 속에서 억압되어 있던 잠재적 욕구가 꿈을 통해 드러나듯이, 환호하는 행위를 통해 그들은 카타르시스를 느끼게 된다. 초청 공연을 보러 온 학생들은 현실을 피해 단순히 즐기는 것이 아니라, 자신의 욕구를 표출하고 좀 더 건전한 생활을 하기 위해 그 자리에 모인 것처럼 보였다. '열정의 표출' 이것이 내가 작은 콘서트를 통해 본 것들이다. 대학생은 가장 열정적으로 자기표현을 할 수 있는 계층이다. 이러한 시기적 적합성을 고려해 볼 때, 가수를 초청하여 작은 콘서트를 갖는 것은 개인적으로는 적절한 축제 행사라고 생각한다.

축제의 마지막은 '대동놀이'로 마무리 지어졌다. 이 행사는 전교생이 참여하여 강강술래, 멍석말이, 대문 놀이 등을 하는 자리이다. 남녀에 관계없이, 학년에 관계없이, 학과에 관계없이 그들은 모두 서로 손을 잡고 하나의 큰 원을 만든다. 원에는 처음과 끝이 없다. 오직 '하나'만이 있을 뿐이다. 어떤 것에도 구애받지 않고 손을 잡고 하나가 된다는 것.. 그것은 대단히 의미있는 것처럼 보였다. '경쟁 사회 속에서 자신이 살아남는 길은 단 하나다. 남을 밟고 일어서야 한다.' 라는 삭막한 논리가 현대를 사는 우리를 지배하고 있다.

경쟁은 어떤 사회에서도 불가피한 것이 사실이지만, 지금의 과도한 경쟁은 이미 경쟁 자체의 긍정적 의미마저도 퇴색시켜 버렸다. 따라서, 우리는 '나와 남'이라는 이분법적 사고에 익숙해져 있는 것이 사실이다. 이것은 학교에서도 마찬가지이다. 이런 상황 속에서 하나가 된다는 것은 얼마나 의미 있는 일일까? 굳이 묻지 않아도 느낄 수 있는 계기가 되었다. 대동 놀이를 하며 함께 뛰는 청주교대 학우들 사이에서 '너와 나'는 없었다. 대화합의 모티브를 가진 대동놀이로 축제의 마지막 날은 저물어갔다.

그럼 지금부터는 교대만의 축제의 의미와 보편적인 축제의 의미에 대해 기술하겠다. 우선, 내가 참여했던 교대 축제에만 국한된 특이한 점이다. 교대는 종합대에 비해 규모가 매우 작다.

학생수가 종합대의 단과 대학 하나에도 미치지 못하기도 한다. 따라서 축제의 규모 또한 작고 아담하다. 작은 무대와 조명, 흰색 천막 등은 마치 중·고등학교의 운동회를 연상시킨다. 또한 타 종합대에 비해 학생들의 성향이 다소 보수적인 것 같다. 행사에 참여하기보다는 그저 관람하는 형태가 많았으며, 축제 행사 분위기도 타 대학에 비해 조용하고 안정적인 경우가 많았다.

이것은 가수 초청 공연에서도 여실히 드러났다. 환호하고 같이 즐기는 것은 어느 정도 있었지만, 분위기가 타 대학에 비해 차분한 것이 사실이었다. 또한 교대가 초등 교사를 양성하는 특수 목적대학이라는 점도 특이한 사항이다. 지난 9월 23일 대전 대학교 한의대 축제에 다녀온 적이 있다. 그 학교에 다니는 친구를 통해 구경을 가게 된 것이었다. 종합대학 축제가 아니라 단과대학 축제라 규모는 우리 학교와 엇비슷했으나, 우리와 매우 달랐다.

왜냐하면 우리 학교 축제엔 어딘가 모르게 초등교사의 이미지가 느껴지듯이, 그 축제에는 '한의사'의 이미지가 느껴졌기 때문이다. 이것은 비단 나만 느낀 것이 아니다. 한의대 축제에 같이 갔던 친구들의 공통된 반응이었다. 우리가 '참 교사'를 외치듯이 그들은 축제에서도 '허준'의 이야기를 하는 등 그들만의 이상적 직업관을 갖고 있었다. 이처럼 대학교의 특수성과 구성원에 따라 축제 분위기 또한 달라짐을 알 수 있었다. 다시 말하면, 대학의 축제는 그 대학만이 갖고 있는고유한 문화를 가장 잘 대변해 준다.

둘째로, 대학 축제의 보편적인 의미이다. 제의적인 의식에서 비롯되었던 축제의 기원에서도 알 수 있듯이, 이 땅의 축제는 아직도 신성한 의미를 지닌다. 과거에 비해 제의적 기능은 거의 퇴색되었고 유희적 기능이 이 시대의 축제를 대변하지만 그것은 단순한 놀이는 아닌 것이다. 그저 단순한 놀이라면 우리는 '축제'라는 이름은 붙이지도 않을 것이다. 축제는 힘든 일상적인 삶에서 벗어나 잠시 쉬어갈 수 있는 여유를 의미한다.

또한 그것은 '화합'으로 이어지기도 한다. 그렇다면 '대학 축제'의 보편적 의미는 무엇일까? 청소년기에는 누구나 이상을 꿈꾼다. 그러나 대학생이 되고 성인이 되면서부터 현실을 조금씩 인식하게 된다. 가슴에는 뜨거운 열정을 지니고 있지만, 대학생들은 자신들이 젊다는 것조차 모르고 지내는 경우가 많다. 그저 현실에 묻혀 안이하게 일상을 보낸다. 그러면서도 이상에 대해 완전히 포기하지 못한다. 현실과 이상 속에서 끊임없이 방황하는 것이 대학생들의 모습이다. 축제는 대학생들에게 일상적이고 안이한 생활에서 잠시 벗어나 보라고 말한다. '젊음, 열정, 패기'에 대해 생각해 보게 한다. 그리하여 대학생들이 '자아 정체성'을 찾는데 일조한다고 생각한다. 이것이 내가 생각하는 대학 축제의 의미이다.

– 출처 : 전교학 신문 –

학습내용 3. 세계 각국 대학들의 축제 문화

▶ 논의의 범위를 확대시켜 세계 몇몇 나라들의 대학 축제 문화에 대해서 살펴 보자. 이 부분은 한국에 유학 와 있는 현지 학생과 유학 경험한 학자들이 제시한 것을 바탕으로 한 것이다(출처 : 전교학 신문 2004/05/07).

① 미국 - 지역봉사에 초점 / 학교와 학생 다 함께 준비

미국 대학의 커다란 축제는 크리스마스, 신년, 추수감사절 등 국가적 명절에 주로 열린다. 축제의 주요행사는 지역봉사에 초점이 맞춰져있다. 예를 들어 환경정화를 하거나 학교주변지역을 청소하는 것이다. 축제기간 중에는 수업이 진행되지 않는다. 축제는 학교당국, 학생 모두 함께 준비하며 물론 게임, 파티 등 오락성 행사도 같이 진행된다.

학생뿐 아니라 지역주민에게도 공개되며 참가는 무료다. 하지만 친구를 동반한다면 친구에 대한 비용은 별도로 부담한다. 교수들도 참가하긴 하지만 대체적으로 참여율이 높은 편은 아니다. 한국 대학들에선 축제 기간 중 음주로 인한 사고가 간혹 있지만 미국의 대학 내에서는 근본적으로 음주가 금지되어있다. 그리고 미국대학의 경우, 대중스타 초청 공연은 거의 없다. 대기업의 프로모션 이벤트도 없다. 축제 기간 중 학교 홈페이지 등 온라인을 통한 기업광고가 고작이다.

② 일본 - 동아리와 학회 양축 / 학생자치활동 경연장

일본의 대학축제는 전체적으로 한국의 대학과 상당히 유사하다. 봄·가을에 크게 치러지는데 어느 계절 행사가 더 비중이 큰가는 학교마다 다르다. 게이오 대학의 경우, 보통 11월 둘째 주 금 토, 일 3일간 계속되는데 금요일이 국가지정 공휴일이기 때문에 결국 수업 결손은 없는 셈이다. 게이오 대학 축제의 가장 큰 특징은 학생 자치 활동의 경연장이란 것이다. 일반 동아리와 제미(세미나의 일본식 조어. 우리의 학회에 해당)가 양대 축이 되어 다채로운 행사가 펼쳐진다.

축제가 11월에 치러지는 만큼 신입사원 모집시즌과 겹쳐있다. 졸업한 선배들이 축제에 참여, 지도교수에게 조언을 구해 후배들을 선발하는 자리이기 때문에 고학년 학생들로선 마냥 흥청거릴 수만은 없는 긴장의 자리이기도 하다. 기업체들의 홍보성 이벤트. 민속장터 등은 우리나라 대학 보나 더하면 더하지 못하지 않다. 하지만 주민들을 상대로 한 소액 복권 발행 등 다채로운 지역주민 참가행사를 마련, 지역행사로 승화되고 있다. 축제가 끝난 후, 월요일을 정리요일로 정해 일체의 교정정리 및 청소를 학생들이 맡아서 하는 것도 우리 대학축제문화와 다른 점이다.

③ 중국 - 거교적 행사 없고 단과대별 학술제 위주

중국은 우리 같은 대동제 개념의 거교적 행사가 없다. 한국대학들이 1학기에 20학점 정도를 이수해야 하는 것과 달리 중국은 보통 34학점정도를 이수해야 하기 때문에 일단 학업부담도 큰 것도 한 이유이다. 공산정권 치하에서 학생들이 대규모로 모이는 것을 경계

한 것에서도 기인한다. 개교기념일 등을 기점으로 해 학생자치활동과 발표회가 산발적으로 열리며 가끔 댄스파티가 열리는 게 고작이다. 중국 남경대를 졸업한 리키씨는 "과학예술제 등 4번의 페스티벌이 학기 중 단과대별로 이틀정도 기간으로 열린다."며 "학술제와 오락성 행사의 비율은 약 7:3정도로 학술적 성격이 훨씬 강하다"라고 소개했다.

이와 비슷한 프랑스의 대학들도 축제가 딱히 없다. 국가적으로는 영화 페스티벌 등 다채로운 행사가 넘치지만 대학은 입학식 졸업식조차 따로 없고 사무실에서 서류만 받는 것으로 끝낼 정도로 썰렁하다. 대신 영화감상회 토론 등 학술적 성격이 강한 행사는 넘쳐난다. 학교는 노는 곳이 아니라 공부하는 곳으로 역할분담이 확실히 되고 있는 셈이다.

④ 독일 - 순수학술행사 중심 / 지역축제와 병행

독일은 다른 유럽 국가들과 달리 문화적. 사회적. 정치적 통일이 비교적 늦게 이루어진 나라이다. 각 지방별로 문화전통이 다르며 전체적으로 종교축제를 제외하고는 많지 않다. 대학축제 또한 우리나라와 같은 거교적 행사로는 치러지지 않는다.

우선 독일대학은 우리나라와 같은 한 울타리 내 넓은 대학캠퍼스를 가진 곳이 별로 없고 대학중심의 도시가 분산돼있기 때문에 지정학적으로 거교적 행사가 어렵다. 학부 단과대 학과별로 개강 또는 종강파티가 치러지는 것이 고작이다. 하지만 대학도시들이 대부분 수백년 된 유서 깊은 도시들이라 전체적 지역축제와 병행되는 경우는 있다. 전통적 학술축제는 매우 다양하게 치러지는 편이며 순수학술행사가 대부분이다.

★ 도움말 = 앤소니 길모어(미국, 고려대 국제대학원생) 고운기(일본, 게이오대 방문연구원) 강준영 교수(중국, 외국어대 중국어학과) 리키(중국, 고려대 국제대학원생) 정완식 교수(독일, 한남대 유럽어문학부) 이규식 교수(프랑스, 한남대 유럽어문학부)

학습내용 4. 대학 축제의 나아갈 방향

▶ 최근의 대학축제 동향을 살펴 본 후, 그것을 바탕으로 하여 앞으로 우리나라의 대학축제가 나아가야 할 방향을 모색.
(출처 : 한국 대학 신문 UNN, 전교학 신문, 한국 대학 신문)

최근의 대학 축제의 양상을 살펴보면, 대중문화의 흐름에 따라 축제의 모습이 좌지우지 된다는 사실을 알 수 있다. 즉, 축제가 열리는 시기의 주요 대중문화가 무엇인지의 여부가 대학 축제의 전반적인 모습을 좌우한다는 것이다. 예를 들어, '서태지'가 인기 있는 시기에 대학 축제의 초청공연 게스트는 '서태지'가 되는 것이다. 또한 '웰빙(Well-being)'이라는 것이 중요한 사회적 모토가 된다면, 대학 축제에서도 '웰빙'을 주제로 한 공연이나 행사가 많다.

이것은 90년대 이후의 대학 문화가 대중문화 속에 포함되어 가는 현상 때문일 것이다. 이처럼 대학생만의 뚜렷한 문화 코드를 갖고 있지 못하다는 것은 하나의 단점이 될 수 있다. 시간이 흐를수록 과거에 비해 일반 학생의 축제 참여가 저조해지는 현상은 바로 이러한 점에 기인한다. 70년대 대학생의 문화는 한마디로 '통기타 문화'이다. 그러나 현재 대학생의 문화를 한마디로 표현하기란 여간 힘든 것이 아니다. 따라서 대학생의 입장에서 보면, 그들을 하나로 묶어주는 특별한 문화코드가 없기 때문에 대학 축제에서 참여가 저조해 지는 것은 당연한 일일 것이다.

그러나 한편으로 대학 문화가 뚜렷하지 않다는 최근의 동향은 오히려 장점으로 작용할 수도 있을 것이다. 자칫하면 획일적으로 흐를 수 있는 대학 문화에 다양성의 여지를 남겨 두었기 때문이다. 현 시기에 최대의 사회 문제가 되고 있는 현상들을 대학 축제 내에 끌어들임으로써 학생들에게 그 당시의 사회 모습을 확인시키고, 변화할 수 있는 기회를 준다는 점은 매우 의미 있는 일이라고 생각한다.

2004 대동제는 웰빙과 환경, 파병반대 및 북한동포돕기 등 사회적 이슈가 접목된 다양한 프로그램을 선보이는가 하면 전국 26개 대학이 함께 하는 '전국 대학생 5월 한마당'이 오는 28일 서울에서 개최될 예정이어서 주목되고 있다. 올해 축제기간에 경북대 총학생회는 헌혈 캠페인, 이웃사랑 행사, 지역주민과 명예학생을 위한 한마당 등 이웃과 함께 하는 대학축제를 만들 계획이다. 축제 기간 중 모든 주막들은 용천 참사 피해자 돕기 모금함을 마련키로 했다.

특히 경북대 경상대학은 용천참사 후원 주막과 이주노동자 후원주막을 따로 운영하여 운영수익금을 100% 기부할 계획이다. 인제대는 올해 처음으로 대동제 기간에 지역주민과 학생들을 대상으로 체지방 측정, 스포츠마사지 등 건강 관련 프로그램을 선보인다. 의대와 물리치료학과, 사회체육학과 등 관련 전공분야 학생들이 직접 나선다. 부산대는 대동제 기간 중에 열리는 학술박람회에 "웰빙" 코너를 따로 마련해 알콜중독 여부를 진단하고 각종 심리검사를 실시한다.

약대생들은 몸에 좋은 각종 약차를 소개할 예정이다. 경남대는 줄넘기대회를 기획했다. 총학생회는 줄넘기 1백여 개를 준비, 학생과 지역주민들을 대상으로 실시할 예정이다. 또 마산시 보건소와 함께 금연상담, 니코틴 의존도 검사, 음주체험 등 건강센터도 운영할 계획이다. 경일대도 단전호흡, 오랫동안 웃기 대회 등 웰빙 관련 프로그램을 준비했다. 친환경적 대동제 만들기 움직임도 이색적이다. 대동제 기간에 캠퍼스 환경을 지키겠다는 움직임도 늘고 있다. 가톨릭대는 축제기간 동안 깨끗한 캠퍼스를 유지하기 위해 "클린대동제"를 선언하고 40여명의 학생들로 구성된 '가대지킴이'를 구성했다. 이들은 발족식을 갖고 캠퍼스 환경보호에 나설 계획이다(출처 : 한국 대학 신문 UNN).

위의 신문 기사에서 볼 수 있듯이, 현재 대학 축제의 모습은 매우 다양하다. 단순히 오락적인 행사에서 벗어나, 사회의 흐름에 맞춘 적절한 행사들을 기획한다. 이제 대학은 더 이상 사회와 동떨어진 상아탑이 아니다. 대학은 사회의 변화에 맞추어 나가고 있는 것이다. 이러한 현상은 지금의 대학 축제가 대학 축제 문화에 또 하나의 획을 긋는데 일조할 것이라는 것을 증명한다고 생각한다.

또한 개인적으로, 앞으로의 대학 축제는 '담장을 없애는 축제'가 되어야 할 것이라고 생각한다. 이것은 축제 기간만큼이라도 대학의 담장을 없애야 한다는 것을 의미한다. 대학 축제라고 하여 단순히 대학생들만의 축제가 아니라, 지역 사회에서 '열려있는' 축제가 되어야 할 것이다. 보다 홍보를 강화하여 주민들에게 축제를 널리 알리고, 다양한 방법으로 대학 축제에 참여 하도록 유도해야 한다고 생각한다. 이러한 것들이 가능할 때, 비로소 대학이 지역 사회의 건전한 문화를 주도하는 산실이 될 수 있을 것이다.

- 출처 : 전교학 신문, 한국 대학 신문 -

학습내용 5. 내가 바라는 대학 축제

▶ 다음의 글은 우리 학교 학생이 축제에 참가하고 문제점과 대안을 제시한 글이다. 이 글처럼, 우리도 축제에 직접 참가해 본 후에, 내가 바라는 대학 축제의 모습을 구체적으로 제시해보자.

[2008년 "내가 바라는 대학 축제" 사례]

우리 학교 축제의 문제점

1. 주점 위주로 돌아가는 축제

저녁에는 몇 가지의 공연을 제외하면 학생들이 즐길 거리라곤 주점에서 술을 마시는 것 밖에 없다. 축제가 지나고 나면 주점에서 술 마시고 다음날 머리 아픈 기억밖에 남지 않는다.

← 주점에서 술 마시는 학생들

2. 불결한 주점의 위생상태

조리실이 아닌 화장실에서 채소를 씻거나, 아예 물을 받아놓고 해산물을 해동하는 것을 보고 경악했다. 더러운 균이 많은 화장실에서 식재료를 씻는 것은 너무 불결하다.

첫 번째 사진은 운동장 한쪽 구석에 있는 수돗가에서 식기와 식재료를 씻고 있는 학우들의 모습이다. 그 옆에는 쓰레기통이 버젓이 서있고 미처 쓰레기통으로 골인 되지 못한 여러 오물들이 널려있고 수돗가 주변에는 구정물이 고여 있다.

두 번째 사진은 주점 뒤편, 흙 위에 방치되어 있는 조리기구와 식기들 이다. 식기 위에는 학우들이 왕래하며 일으킨 흙먼지가 앉아있었고 살짝만 봐도 너무 불결해 보인다.

이와 같이 주점의 위생 상태는 대체로 불결한 편이며 그로인한 식중독의 위험은 항상 도사리고 있다.

3. 위험한 가스사용, 보장되어지지 않은 안전

주점 안쪽에 가스통이 아무런 안전장비 없이 덩그러니 서있고 가스 줄이 위험하게 연결되어있다. 술에 취한 학우들이 가스 줄에 걸려 넘어질 수 있고, 가스 줄이 행여나 뽑히기라도 한다면 한순간 큰 재난을 불러올 수 있다.

4. 축제 중 더러워지는 학교

특히 21세기관 3층 운동장과 연결된 곳은 매년 축제 때 마다 흙 바다와 물바다가 되는 곳이다. 정수기에서 물을 받으며 흘리는 물 때문에 한여름 폭우가 쏟아질 때 보다 더 많은 물이 고여 있다. 언뜻 보면 약한 홍수가 난 것처럼 보이기도 한다. 게다가 운동장을 자주 왕래하는 학우들 때문에 3층과 2,4층으로 연결되는 계단이 매우 지저분해 진다. 이 물과 흙이 만나 진흙처럼 되는 최악의 경우가 발생하기도 한다. 이걸 치우고 계신 어머니 나이대의 청소부 아주머니를 보면 매우 죄송스럽고, 행여나 우리 학교를 방문한 외부인이 볼까 조마조마해진다. 이곳뿐만 아니라 운동장 곳곳에도 더럽고 지저분하게 쓰레기가 널려있다.

5. 재미없는 축제

모든 학우들이 하나 되어 즐긴다면 그 축제는 큰 성공을 거둔 것이다. 학우들의 참여가 없다면 학우들의 욕구를 파악하지 못한 잘못된 프로그램 때문이라 결론지을 수 있다. 이는 참여 프로그램의 부족과, 학우들 관심 밖의 프로그램 때문이다.

가장 인파가 많이 몰린다는 축제 둘째 날의 모습이다. 러시아 일렉 현악 팀이 공연을 하고 있지만 객석은 텅 비어있었다. 러시아 공연 외 동아리 공연, 배재 가요제를 할 때에도 텅 빈 객석은 좀처럼 채워지지 않았다. 사진 촬영할 때가 5시 30분쯤이었는데 학생들은 텅 빈 주점에 삼삼오오 모여 있었고 운동장은 한산 했으며 축제에는 관심 없다는 듯 운동을 즐기는 학우까지 다양했다.

6. 기업에서 상업적으로 이용함

작년에는 모 화장품 회사에서 학생들의 피부상담을 해주면서 화장품구매를 권유했고 이번에는 모 커피가 싼값에 커피를 판매하고 모 소주가 시음행사를 벌이는 등 대학 축제를 상업적인 목적으로 이용하고 있었다.

7. 유익한 캠페인 - 홍보 빈약성

이번 축제 때 2009 캠퍼스 나눔 도전(사랑의 열매 행사), 올바른 성 알리기 캠페인, 금연 캠페인을 벌였지만 나는 까맣게 모르고 있었다.

대동제 포스터에는 '불우학우 돕기 자선행사'만 조그만하게 기재되어있고 다른 캠페인에 대해서는 언급하지 않고 있다. 나를 더욱 씁쓸하게 만드는 것은 캠페인 내용을 기재할 만한 충분한 공간이 있음에도 불구하고 그 공간을 커다란 연예인 사진으로 도배했다는 사실이다.

축제 3일 동안 캠페인 벌이는 것을 보지 못했고, 있는 줄도 몰랐다. 캠페인을 하려면 홍보를 확실히 하고 학우들의 참여를 적극적으로 유도했으면 하는 아쉬운 생각이 들었다.

개선 방향

1. 축제 중 청결한 학교 만들기

쓰레기가 많아지는 것을 대비해 운동장 곳곳에 쓰레기통이나 쓰레기봉투를 설치한다.
축제가 시작되기 전, 학우들에게 축제 중 청결한 학교 만들기-쓰레기통 설치 위치를 각 학과의 학회장과 클레스장에게 공고하도록 하고 양심과 학교에 대한 주인의식을 일깨우도록 한다.

2. 위생, 식중독에 관한 해결책

학교에서 대대적으로 주점 식재료 손질을 위한 화장실 사용을 전면 금지 한다. 안주는 되도록 조리가 불필요한 가공품이나 반가공품으로 하도록 하고 따로 재료손질을 요하지 않는 안주에 한에서 조리를 허가하도록 한다.

3. 학우가 즐기며 참여하는 프로그램의 확충 - 하나 되는 축제

동아리와 학과의 참여를 유도하여 관심을 증대시키고 동아리 활성화와 유익한 캠페인, 체험프로그램 확충으로 배재대학교 모든 학우가 즐길 수 있는 축제다운 축제를 만들어 보자.

※ 동아리 참여를 유도하기위한 전략

- 참여하지 않는 동아리는 한 학기에 10만원씩 지원되는 동아리 지원금 주지 않기.
- 참여하지 않는 동아리는 가동아리로 하락시키기.
- 참여하는 동아리에게 인센티브 주기.

※ 홍보 전략

- 학내 주요 거점에 포스터를 이용한 사전 홍보 실시.
- 학내 방송사, 신문사, 교지 등을 활용한 홍보.
- 학회장, 과대, 클레스장의 입소문 홍보.

① 사진동아리 '록양회' - 길거리 전시회
이제껏 찍어온 사진을 많은 학생 앞에서 선보이는 기회와 동시에 사진작품을 감상할 수 있는 기회 제공. ex) 록양회 길거리 사진전, 록양회 사진 콘테스트 (학우들의 스티커 투표)

② 중앙 풍물패 '통일 울림', 음악동아리 '오선회', 통키타 동아리 '하모니' - 길거리 공연
음악동아리의 자유로운 공연! 그들의 예술세계를 펼칠 수 있는 기회 제공과 학우들에게 다양한 음악 감상 기회 제공. 단 '오선회'는 너무 시끄럽지 않게 공연하기.

③ 풍선아트 동아리 'KIND' - 풍선아트 시연
만들어진 풍선 학우들에게 나누어 주기.

④ 장애 봉사 동아리 '하늘회' - 인식 개선 캠페인
장애인에 대한 인식개선 캠페인과 대학생활의 봉사활동의 유익성에 대해 홍보한다.

⑤ 천체 관측 동아리 '별빛수신' - 별을 볼 수 있는 낭만적인 기회 제공
홍보 포스터에 학생들의 참여욕구를 자극하기위한 이야기 넣기
→ (연인들을 위해) XX별자리를 연인이 함께 보면 영원한 사랑이 온데~
→ (솔로들을 위래) XX별자리를 보고 소면을 빌면 사랑하는 사람이 나타날 거야~
→ (취업 준비생을 위해) XX별자리를 보고 소원을 빌면 취업 운이 트인데~ 등

⑥ 동아리 'three Board' - 익스트림 공연
이제껏 갈고 닦은 실력을 뽐내라! 인라인, 스케이트보드 공연을 한다. 공연 시간을 정하고 포스터를 붙여 홍보한다. 공연은 그들이 자주 연습하는 자주로 에서 음악을 틀어놓고 공연한다.

⑦ 탁구 동아리 '드라이브' - 탁구 내기 게임
탁구 동아리 회원과 학우와 탁구 게임을 한다. 참여는 1인 1회로 제안, 탁구 동아리 회원을

게임에서 이기면 소정의 선물 증정 ex)양말, 샤프, 볼펜 등

⑧ 미술학부 - '초상화, 캐리커쳐'

미술학부생들이 학우들의 초상화나 캐리커쳐를 그려준다.

⑨ 국제 한마음 장터

배재대에 재학 중인 외국인 학생들 또는 외국학대가 주체가 되어 각 나라의 전통놀이 체험 행사를 연다.

⑩ 자취생 요리대회

자취생에게 신청을 받고 요리대회를 열어 간단하면서도 영양이 가득한 요리를 선보인 학생에게 상금을 준다.

⑪ 미팅 게임 - 천생연분

방법: 게임을 주최하는 측에서 남 학우와 여 학우를 X명 선출한다. 주최 측 학우 각각에게 고유번호를 지정해준다. 미리 학교 입구에서 일반 남 학우와 여 학우에게 추첨 번호를 나누어 준다. (6시쯤)본격적인 행사가 시작되면 무작위로 일반 학생을 추첨한다. 당첨된 학생은 무대 위로 올라가 섞여있는 종이를 한 개 뽑는다. 그 종이에는 주최 측 학우의 고유번호와 만나는 시간, 장소가 적혀있다. (게임 1단계 종료, 커플이 만나는 동안 다른 공연 진행) (1시간 후 커플 집합, 게임 2단계 시작) 작은 상품을 걸어놓고 커플게임을 한다.

4. 사회 환원의 일환

장기기증 운동이나 헌혈 행사를 주최하여 학생 개개인이 작게나마 나눔을 실천할 수 있는 기회 마련한다. 위에서 말한 학과, 동아리 참여 프로그램에서 모금운동을 한다.

5. 지역민과 함께 즐기는 축제

대학 축제는 지역민들과 교류하는 장이 되어야 한다. 지역민과 함께 즐길 수 있는 프로그램을 개발하여 모두가 즐길 수 있는 축제로 성장하여야 하며 더 나아가 지역 축제로 까지 커가야 할 것이다. 대학생은 문화의 중심에 있으며 새로운 문화를 창조할 수 있는 무한한 가능성이 있다.

① 레저스포츠 학과 - 스포츠 마사지

노인 분들을 모시고와 간단한 발마사지나 스포츠 마사지를 시행한다.

② 지역주민과 함께하는 전통소리 한마당 - 중앙 풍물패 '통일 울림'

흥겨운 사물놀이로 학우, 지역주민, 전통과 현대가 하나로 어울러 지는 신명나는 소리 한마당.

대학 축제의 목적과 방향성을 다시 설정해야 할 것이다. 대학의 축제는 산학이 교류하는 장으로서, 지역민들과의 교류의 장으로서, 그리고 학우간의 교류의 장으로서 대학만이 뽐낼 수 있는 문화를 형성해야한다. 그러기 위해서는 대학과 학생회는 자신들의 반 사회인으로서의 준비 자세와 태도를 보여주고, 사회에 기여 할 수 있는 축제를 준비하는데 많은 공을 들여야 한다고 생각한다.

이제 대학축제는 지역 문화를 낳는 원동력과, 세계에 지역문화를 대변하는 역할을 해야 한다고

본다. 그래야 비로소 대학 즉 "큰 배움"의 실천적 의미가 있을 것이기 때문이다. 축제는 큰 배움을 실천하는 장으로 성장해야 한다. 자신들이 쌓아온 여러 형태의 배움을 축제에서 신명나게 펼쳐야 한다. 그리고 축제 기획은 대학과 학생회끼리 하는 것 보다 전문적인 관광 이벤트 경영학과의 도움을 받거나 축제 기획 동아리 'New-Turn', 관광이벤트 연구회 'EVENTIST'의 도움을 받으면 동아리의 실무경험도 쌓이고 학교 축제도 선진화 되는 win! win! 전략이 아닌가 싶다.

* 최정선(외식경영학과, 06학번)의 글

* 활동지 15-2 : 대학축제 의미와 외국의 예

※ 대학 축제는 어떤 모습이어야 할까요?
- 어느 학생이 참여했던 대학 축제에 대한 경험담을 읽어보고, 각자 자신이 참여한 대학축제 개인적 경험을 자세히 기술해 봅니다. 축제의 여러 가지 행사를 중심으로 그 행사가 대학 축제에서 갖는 의미를 파악해봅니다. 개인적 경험을 바탕으로 논의의 범위를 확대시켜 '대학 축제의 전반적인 의미'에 대해서 고찰해 봅니다.
- 다른 나라의 예를 살펴봅니다.

* 활동지 15-3 : 내가 바라는 대학축제

※ 대학 축제는 어떤 모습이어야 할까요? 내가 대학 축제를 기획한다면 어떤 프로그램을 준비할 수 있을까요?
1. 부모님께 들은 부모님 시절의 축제 모습을 기술해 봅시다.
2. 70년대 80년대 90년대 축제와 현재 우리 학교 축제 모습을 비교해 봅시다.
3. 어떤 내용과 방식의 축제가 되면 좋을까요? 기획자가 되어 축제 프로그램을 기획해 봅시다. (가상의 예산으로 기획해 봅시다.)

제16장 배려

<교수-학습계획안>

주제	교양인으로서의 품위와 배려의 문화 확산				
학습목표	더불어 사는 배려의 문화 배우고, 학교적응력 높이기				
학습단계	학습내용	교수-학습 과정		시간(분)	자료 및 유의점
		교수	학생		
도입	배려 행동 소개	- 문학 속 영화 속에 나타나는 "배려하는 마음"에 대한 소개	- 경청	5	교수자료
전개	자료정리	- 프린트물 제공-정리유도-토론 주제화 : • 문학 속에서 나타나는 "배려하는 마음" : 수필, 소설, 시, 속담, 신화 등 • 시사적 "배려하는 마음" : 캠페인 동영상, 신문기사 • 학생들이 생각하는 "배려하는 마음" : 준비과제 중 내용선택	- 활동지에 정리 작성하기 - 토론거리 준비	15	교수자료 & 활동지 16-2
	토론	- 활동지에 정리 작성한 내용을 기반으로 일상생활 속에 배려를 나타내는 작은 말들을 찾아보도록 전체 토론 유도	- 일상생활 속에 배려를 나타내는 작은 말들을 찾아보기 - '배려하는 마음'에 대한 경험 떠올리기	10	활동지 16-1
		- 토론에 결과로 나타난 말들을 이용하여 주위 친구들과 '555 배려' 실행	- '555 배려' : 5분 동안, 5가지 칭찬, 5가지 인사나누기 실행	5	모둠활동
		- 캠퍼스 속의 배려	- 캠퍼스 내에서 배려하는 작은 행동 찾아보기	10	활동지 16-3
정리	배려문화 생활화	- '배려하는 마음'에 대한 경험 떠올리기 ->배려하는 "말"찾아보기 ->"행동"이 뒤따르는 배려 항목 찾기 -> 구체적인 실천 사항 선택하기	- 강의실, 화장실 바르게 쓰기 생활화 등 구체적 실천사항 찾기	5	활동지 16-3

〈학습자료〉

학습내용 1. 문학 속의 배려

배려: 마음을 움직이는 힘
(한상복, 위즈덤하우스, 2006)

"세상은 주고받는 것이란다.
받은 다음에야 주려고 하면 기다리는 사람은 없어."

주인공 '위'는 수석으로 입사하여 회사 내에서 고속 승진을 계속하던 인물이다. 그런데 갑자기 정리대상으로 지목받는 프로젝트 1팀으로 발령을 받으면서 혼란에 빠진다. 거기다 그를 못 견뎌하며 집을 나간 아내는 이혼서류를 보내온다. "왜 나에게만 이런 일이 생긴 거지? 난 열심히 살아왔다고. 이건 너무 부당해…."

그렇게 어쩔 수 없이 시작한 1팀에서의 생활은 업무 스타일이 달라 도저히 적응할 수 없다. 그들은 일하러 온 것이 아니라, 놀러 온 사람들 같다. 정리대상임을 뻔히 알면서도 뭐가 그렇게 즐거운지 이상하기만 하다. 그러나 묘하게도 위는 1팀 내에 뭔가가 있음을 깨닫게 된다. 그들은 어려운 상황 속에서도 여유를 잃지 않으며, 늘 긍정적이다. 회사를 원망하기보다는 새로운 돌파구를 모색하는 것이다. "이 사람들은 도대체 무슨 생각으로 사는 거야?"

그리고 11층에서 만난 '인도자'는 사스퍼거니 뭐니 하면서 알 수 없는 말들만 늘어놓으며, 위를 몰아세운다. 하지만 위는 인도자와의 대화를 통해 자기 자신에 대해 많은 점들을 깨닫게 된다. "정말 나에게 어떤 문제가 있는 걸까? 그렇다면 난 어떻게 살아야 하지?"

*아스퍼거 신드롬(Asperger Syndrome), 남에 대해 전혀 이해하지 못하는 일종의 장애를 뜻하는 말이다. 이런 장애를 가진 사람들은 자기 세계 속에만 갇혀 있다. 아스퍼거는 이기적인 성격과는 다르다. 이기적인 사람들은 남의 입장을 알면서도 자기 욕심 때문에 이기적인 행동을 하지만, 아스퍼거는 아예 남의 입장을 이해하지 못한다.

이 책의 저자는 이러한 아스퍼거를 사회적 의미로 확대시켜 '사스퍼거(Social Asperger)'

라는 개념을 만들어냈다. 즉 사회생활 속에서 자신밖에 모르는 사람들을 뜻한다. 남을 배려할 줄 모르고, 나눌 줄 모르며, 자신에게는 한없이 관대하고 남들에게는 무자비한 사람들을 일컫는다.

그런데 이러한 사스퍼거들이 세상에는 의외로 많다. 삶의 의미나 목적은 잃어버린 채 목표를 향한 경쟁만 남은 오늘날의 현실에서 나누며 베푼다는 것은 전혀 시대에 맞지 않는 가치로 보일 수 있다. 하지만 경쟁과 이기주의 때문에 나타나는 여러 폐해들로 인해, 누구를 위한 경쟁인지 그 의미를 잃어가고 있는 것 또한 현실이다. 그래서 경쟁하지 않고도 모두가 함께 잘살 수 있는 있는 방법을 많은 사람들이 간절히 원하고 있다.

가정에서나 직장에서나 자기밖에 모르던 '위'는 갑자기 닥쳐온 혼란스러운 상황 속에서, 자신을 돌아보게 된다. 그리고 이 모든 상황을 초래하게 된 원인이 바로 자신에게 있으며, 해결책도 자신에게 있다는 것을 깨닫게 된다. 물론 그러기까지는 1팀의 팀원들과 수없이 충돌해야 했지만, 고통스러운 과정을 통해 지금까지 자신의 삶의 방식을 반성함으로써 새로운 인생의 가치들을 얻게 된다. 그것은 바로 경쟁만이 전부가 아니라, 서로 나누며 배려하는 삶이야말로 모두가 함께 행복할 수 있는 길이라는 것이다.

특히, 인도자가 중요한 순간마다 위에게 건네주는 세 장의 카드에는 배려의 중요한 원칙들이 적혀 있다. 첫 번째 카드에는 '행복의 조건'이, 두 번째 카드에는 '즐거움의 조건'이, 세 번째 카드에는 '성공의 조건'이 담겨 있다. 각각의 카드에는 생활에서 행동으로 옮겨야 할 실천 명령들도 함께 들어 있다. 이 세 가지 원칙들을 통해 위는 인생의 단순하지만 소중한 진리를 깨닫게 된다.

이 책은 너와 내가 경쟁하는 삶이 아니라, 함께 배려하며 사는 삶이야말로 진정한 공존의 길임을 보여준다. 주인공 위는 앞만 보고 무작정 달려온 현대인의 상징이다. 위가 깨달음을 얻어가는 과정을 통해, 혼자만 잘사는 세상이 아니라 모두가 함께 행복한 세상을 만들기 위해 우리에게 정말 필요한 것이 무엇인지를 배울 수 있다. 또한 내가 먼저 베풀며 나누는 삶이 주는 감동도 느낄 수 있다.

가장 세련된 삶의 시작 배려의 기술
(지동직, 북스토리, 2006)

[독자 후기]

"힘 그 자체가 갖고 있는 힘은 친절함이 갖고 있는 힘의 절반에도 못 미친다."

- 리 헌트 -

이 책을 읽으며 느낀 배려란... 결코 어렵거나 힘든 것이 아니었다. 물론, 마음먹을 걸 행동 하는 게 쉽지는 않겠지만... 나 자신에 대해 생각하기 전에 상대방의 입장에서 한번 생각하고.. 그 상대방이 편안하도록 해준다면 그것이 배려가 아닐까. 배려란 단순히 상대방을 위한 마음이랄까. 배려는 결코 크거나 대단한 것이 아니다. 사소한 작은 배려로 상대방에게 나 자신을 각인 시켜주고 친절한 사람으로. 좋은 사람으로. 또 상대방을 아끼고 생각 하고 있다는 생각을 주게 하는 것이 배려다. 사람들은 작은 배려를 받았을 때 더 감동이 크다고 한다. 생각지도 못한 사소한 것부터 배려를 해 나가기 시작한다면. 이 세상은 정말 살만한 세상이 아닐까?

왜 사랑에 빠지면 착해지는가
(토르 뇌레트라네르스, 웅진지식하우스, 2007)

인간의 이타적 행동에 대한 새로운 진화론

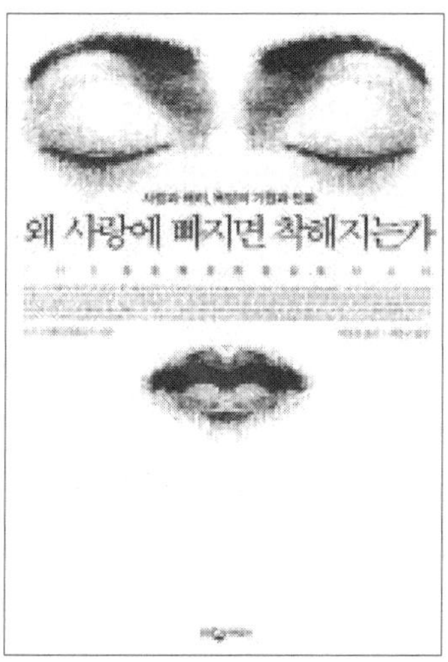

"왜 사랑에 빠지면 착해지는가"는 인간의 본성과 욕망의 메커니즘을 새롭게 밝히는 책이다. 다윈의 성선택론적 관점에서 인간의 이타성과 욕망의 기원을 규명하고자 했다. 인간의 배려와 협동, 관대함에 주목하며 '인간은 이기적이다'라는 기존의 통념을 깨고, 우리 안에 숨겨진 또 다른 본성을 집중적으로 조명하고 있다. 이 책은 인간은 이성적이고 합리적이라는 명제가 틀렸음을 보여주고, 이타적 행동에 대한 여러 사례들을 보여준다. 그리고 다윈의 성선택론, 자하비의 핸디캡 원칙을 통해 이타주의 혹은 호모 제네로수스의 진화의 비밀을 파헤치고 있다. 배려나 관대함, 협동심 같은 특성들이 사랑과 성이라는 인간의 본능에서 비롯되는 과정을 살펴본다. 또한 맘에 드는 이성이 생기면 상냥해지는 이유, 남자들이 하룻밤 사랑을 꿈꾸는 이유, 데이트할 때 부쩍 문화나 예술에 관심을 갖는 이유 등 사랑과 연애에 대한 재미있는 이야기들을 진화론적 관점에서 설명하고 이다. 이를 통해 세상을 발전

시키는 원동력이 남에게, 특히 이성에게 좋은 사람으로 보이고 싶은 인간의 욕망에서 비롯됨을 밝히고 있다.'

학습내용 2. 영상 속의 배려

[CF] 엄정화, 정선희 - 삼성애니카, 안심을 부르는 이름편 / 30s. 2007
http://serviceapi.nmv.naver.com/flash/NFPlayer.swf?vid=FBF9F1065114DD5A58EA5EF9574C1C97C072&outKey=V1236c0e65af10321918d06568258272d721a0c9534e4b5dedc4106568258272d721a

[공익] "작은 배려를 남깁니다." 공익광고협의회 한국방송광고공사
http://blog.naver.com/yoriove?Redirect=Log&logNo=60067937413

[공익] "배려가 있는 주장은 아름답습니다." 공익광고협의회 한국방송광고공사
http://blog.naver.com/paranzui?Redirect=Log&logNo=50018764441
http://serviceapi.nmv.naver.com/flash/NFPlayer.swf?vid=169679FB2391275F21C066FB526A2C868B1E&outKey=V1210a1070efcc5d6213f12741338ce181ff7f3686b833c42cf6812741338ce181ff7

[CF] 태국 쁘룽팁 : 태국 소금광고
http://serviceapi.nmv.naver.com/flash/NFPlayer.swf?vid=C0025317794D9570E21C57AA820458275CD7&outKey=V125b7b3071c040f4eedf5abb8269bf43133c527d1a802fcb5f245abb8269bf43133c
"좋은 것을 지켜 나가며 항상 태국의 사회를 돌보는 마음처럼 음식의 짠 맛을 지키는 쁘룽팁 소금"이라는 메시지 전달

[공익]세상을 아름답게 하는 시간 하루 1분이면 충분합니다.
http://serviceapi.nmv.naver.com/flash/NFPlayer.swf?vid=DB0309ACBC86C49B9DAFCF0A0142BAB47307&outKey=V1250c0302ee184aeb9c667d152d0e640155284d4044ee2e7a2e867d152d0e6401552

[UCC] 지하철 영상광고... 시각장애인을 위한 작은 배려가 필요합니다.
http://blog.naver.com/shinsuper?Redirect=Log&logNo=50030440469&vid=0

[토론] 시청자를 위한 작은 배려

http://search.ytn.co.kr/ytn_2008/view.php?s_mcd=0104&key=200701050536195788&q=%BD%C3%C3%BB%C0%DA%B8%A6+%C0%A7%C7%D1+%C0%DB%C0%BA+%B9%E8%B7%C1

- 생활 속에 배려할 사항을 생각해 봅시다.
- 캠퍼스 속에 배려할 사항을 생각해 봅시다.

학습내용 3. 캠퍼스 속의 배려

1. 캠퍼스에서 나는 어떤 배려를 받고 있다고 생각합니까? 구체적인 사례를 찾아봅시다. (예: 책 반납일이 되면 문자가 옵니다. 청소 아주머니께서 쾌적한 환경을 유지 시켜주십니다.)
2. 캠퍼스에서 우리 학교를 위해 나는 어떤 배려를 할 수 있습니까? (예: "고맙습니다. 청소 아주머니!", 강의실을 깨끗이 사용하겠습니다. 칠판을 미리미리 지워두겠습니다.)
3. [모둠별 토론] 캠퍼스 속의 배려행동을 함께 토론하고 정리해 봅시다.

* 활동지 16-1 : 나의 배려하는 마음은?

※ 일상생활 속에 배려를 나타내는 작은 말들이 무엇이 있을까요? • 내가 가장 많이하는 짧은 배려의 말들은 어떤 것이 있을까요. 5가지 칭찬의 말을 찾아봅시다. • 내가 가장 많이하는 짧은 배려의 말들은 어떤 것이 있을까요. 5가지 감사의 말을 찾아봅시다. • 고마웠던 경험 5가지를 생각해 봅시다. (작은 고마움의 경험을 표현할 수 있도록 해 봅시다)

* 활동지 16-2 : 문학 속의 배려

※ 머리가 아닌 마음에서 우러나오는 진실한 배려를 생각해 봅시다. 자신이 선택한 배려에 관한 책 혹은 다음 책 중 하나를 선택하여 느낀 점을 기술해 봅시다. • 배려-마음을 움직이는 힘(한상복, 위즈덤하우스, 2006) • 가장 세련된 삶의 시작 배려의 기술(지동직, 북스토리, 2006) • 왜 사랑에 빠지면 착해지는가(토르 뇌레트라네르스, 웅진지식하우스, 2007)

* 활동지 16-3 : 캠퍼스 속의 배려

- 캠퍼스에서 나는 어떤 배려를 받고 있다고 생각합니까? 구체적인 사례를 찾아봅시다.
  (예: 책 반납일이 되면 문자가 옵니다. 청소 아주머니께서 쾌적한 환경을 유지 시켜주십니다.)
- 캠퍼스에서 우리 학교를 위해 나는 어떤 배려를 할 수 있습니까?
  (예: "고맙습니다. 청소 아주머니!", 강의실을 깨끗이 사용하겠습니다. 칠판을 미리미리 지워 두겠습니다.)
- [모둠별 토론] 캠퍼스 속의 배려행동을 함께 토론하고 정리해 봅시다.

제5편 진로탐색

제17장 전공별 진로 탐색

〈교수-학습계획안〉

<table>
<tr><td>주제</td><td colspan="5">전공 별 진로</td></tr>
<tr><td>학습
목표</td><td colspan="5">전공 별로 어떤 직업적 전망이 있는지 개략적으로 파악한다.</td></tr>
<tr><td rowspan="2">학습
단계</td><td rowspan="2">학습내용</td><td colspan="2">교수–학습 과정</td><td rowspan="2">시간
(분)</td><td rowspan="2">자료 및
유의점</td></tr>
<tr><td>교수</td><td>학생</td></tr>
<tr><td>도입</td><td>도입설명</td><td>- 전공 별 진로모색을 위한 도입설명
- 노동시장 현황에 대한 설명
- 전공 별로 다양한 진로에 대하여 설명</td><td>- 설명을 듣는다.
- 학습목표를 이해한다.</td><td>15</td><td>교수자료</td></tr>
<tr><td rowspan="2">전개</td><td>노동시장
논의</td><td>- 노동시장 현황에 대한 학생들의 생각과 소감을 기록하도록 지도.
- 개별적으로 기록한 부분을 발표하도록 지도</td><td>- 노동시장 현황에 상응한 개인의 소감과 전략에 대해 숙고한다.
- 자신의 생각을 짧은 논술로 발표한다.
- 서로 의견을 교환한다.</td><td>15</td><td>활동지
17-1</td></tr>
<tr><td>전공 별
진로 논의</td><td>- 전공 별로 다양한 진로에 대한 학생들의 생각을 기록하도록 지도.
- 개별 학생들의 희망진로에 대한 발표와 토론을 지도.</td><td>- 각자 어떤 진로를 택할 것인지 숙고한다.
- 어떤 진로를 왜 선택하는지 글로 표현해 본다.
- 서로 발표를 듣고 자신의 진로선택을 점검해 본다.</td><td>15</td><td>활동지
17-2</td></tr>
<tr><td>정리</td><td>정리토론</td><td>- 각자 진로선택 경험에 대한 짧은 논평을 교환하도록 지도.</td><td>- 모둠활동 경험에 대한 소감을 이야기한다.</td><td>5</td><td></td></tr>
</table>

〈학습자료〉

학습내용 1. 노동시장 현황

1. 노동시장과 노동력

1) 노동력

노동력은 노동자의 정신적, 육체적 노동능력을 의미하며 현대 자본주의 사회에서 노동력은 다른 상품처럼 금전적 보수를 대가로 매매될 수 있다. 노동자는 계약에 의거하여 임금이라는 대가를 받으며 그에 상응하는 정신적, 육체적 노동을 제공하는 것이다. 이 때 매매되는 것은 노동자가 아니라 노동능력이므로 노동력은 다른 상품과는 다른 특수성을 갖는다. 즉, 노동력의 경우 다른 상품처럼 전적으로 소유가 양도되는 것이 아니라 노동자는 자유로운 인격체로 남아있으며 노동력의 사용권만 일시적으로 양도되는 것이다.

2) 노동시장

노동시장이란 노동력이 상품처럼 판매되고 구매되는 시장을 의미한다. 노동시장에서는 정신적, 육체적 노동력에 대한 수요와 공급의 상호작용에 의하여 노동력이 매매된다. 이 때 소비자의 수요와 욕구를 적절히 반영한 상품의 판매가 용이한 것과 같이 노동력 역시 노동시장의 수요를 적절히 반영할 때 판매가 용이하다. 즉, 노동시장의 현황을 이해하고 예측할 때 취업준비를 성공적으로 진행할 수 있다.

2. 한국 노동시장의 변화

1) 실업

실업이란 만 15세 국민 중 경제활동 인구, 즉 수입이 있는 일에 종사하거나 구직 중에 있지만 취업하지 못하고 있는 인구의 비율을 의미한다. 60~70년대 고도성장에 힘입어 한국에는 평생직장이라는 개념이 존재하였을 만큼 노동시장은 장기적인 호황을 누렸으며 고용은 안정적이었다. 그러나 1998년 IMF 사태 이후, 그리고 2008년을 전후한 국제적 경제위기 상황 속에서 한국의 노동시장 상황은 급격히 악화되고 있다. 2009년 8월 전체 실업자 수는 90만 5,000명이었으며 이는 약 3.7%의 실업률에 해당한다.

2) 청년실업

특히 심각하게 대두되고 있는 현상은 청년실업이다. 전체 실업자 중 15세에서 29세 사이의 청년층 실업자가 약 38.8%에 달하며 전체 청년 실업률은 8.2%에 달하고 있다.

청년실업은 구조적으로 만성화되었다는 면에서 더욱 심각하다. 이는 경제구조가 단기간에 농업사회에서 제조업중심으로, 그리고 다시 서비스업 중심으로 전환되면서 실업이 구조적으로, 그리고 장기적으로 발생함을 의미한다. 신규 일자리의 수도 2004년 12월 이후부터 57개월째 계속 감소해 2009년 8월에도 12만 6,000명이 일자리를 잃은 것으로 기록되고 있다. 또한 대졸 구직자들이 대기업만을 선호하면서 청년실업은 증가하지만 동시에 중소기업은 구인난을 겪는 마찰적 실업, 즉 자발적 실업의 형태도 증가하고 있다.

청년실업은 특히 경제적 잠재성장률의 중요한 요소인 인적 자본의 형성에 악영향을 끼치며 경제의 선순환구조에도 악영향을 끼치므로 국가 경제의 심각한 저해요소라고 할 수 있다.

3) 노동시장 유연화

실업과 더불어 경제위기와 경제구조의 변화는 다양한 형태로 노동시장의 근본적인 변화를 초래하고 있다. 대표적으로 절대적인 수요가 위축되면서 실업이 증가하고 있을 뿐만 아니라 고용의 형태 역시 변화하고 있다. 중요한 한 가지 변화는 IMF 사태 이후로 고용의 유연화를 통해 기존의 평생직장 개념이 사라지고 비정규직이 증가하고 있다는 점이다.

노동시장의 유연화란 기업경영의 효율성을 높이기 위하여 고용형태를 다양하게 하고 고용에 관련한 규제를 완화하는 것을 의미한다. 노동시장 유연화과정을 거쳐 정리해고절차가 완화되고 계약근로 및 시간제 근로는 확대되며 하청이나 파견근로자의 사용이 용이해지고 노동시장은 확대된다.

이는 기능적 유연성을 추구하며 다양한 기능을 가진 노동력을 선호하는 기업의 요구에 부응하는 변화이다. 그러나 노동자들에게 있어서 이는 고용의 불안정을 의미한다.

3. 임금

임금은 다음과 같이 구성되며 그 구체적인 내용은 직업군이나 직장마다 차별적이다. 그러나 최근에는 단체협약을 통한 임금협상보다 개인 또는 집단의 능력과 성과에 따라 임금을 지급하는 방식으로 변화하고 있다(연봉제, 성과급, 보너스차등지급).

임 금	정액급여+초과급여+특별급여
정액급여	정상근로 시간에 대해 지급하기로 미리 정해져 있는 지급액, 지급조건, 산정방법에 따라 지급되는 급여
정액급여	통상임금(기본급+통상적수당)+ 기타수당
초과급여	추가근무에 대해 지급하는 수당(연장근로수당, 야간근로수당, 휴일근무수당 등)
특별급여	정기 또는 비정기적으로 지급되는 상여금

4. 활동지 17-1

※ 나의 전략은 무엇인지 숙고해 보세요.

항목	내 용	준비해야 할 것
나의 전략 1	노동시장 유연화에 대비하여 다양한 능력을 키운다. 그리고 취업 후에도 자기개발과 인맥관리를 게을리 하지 않는다.	다양한 자격증 영어교육

학습내용 2. 전공 별 진로

1. 대학원 진학

대학원진학은 석사와 박사학위과정 진학까지 포괄하여 학문적인 전망의 모색과 연계되는 경우도 있지만 보다 나은 취업조건을 만들기 위한 석사과정 진학을 의미하는 경우도 있다.

대학원에는 일반대학원, 전문대학원, 특수대학원이 있다. 일반대학원 진학이 학문적 목적을 띠는 경우가 많은 반면 전문대학원이나 특수대학원 진학은 취업이나 직장 내 승진의 목적과 연계되는 경우가 많다.

대학원진학시험은 대학원 별로 상이하므로 직접 문의해야 하지만 일반적으로 서류전형과 필기시험 및 면접전형의 형태를 띤다.

2. 공기업 취업

공기업이란 국가 또는 지방단체가 직접 혹은 간접적 투자를 통하여 소유권을 갖거나 통제권을 행사하는 기업으로 공익성과 능률성 간의 대립을 해소하기 위하여 운영하는 기업을 말한다.

정부투자기관은 한국조폐공사, 농수산물유통공사 등 13개이다. 정부출자기관으로는 한국산업은행, 중소기업은행, 국민은행, 한국주택은행, 한국수출입은행, 제일은행, 서울은행, 한국담배인삼공사, 한국가스공사 등 17곳이 있다.

공기업은 정부에서 투자하거나 출자하여 관리하는 기업이므로 고용이 사기업에 비하여 안정적이라는 강점이 있다. 그 만큼 공기업 진출은 경쟁률이 높고 상대적으로 취업의 기회가 적다. 공기업 채용전망은 2009년 현재 정규직 채용규모는 2008년 대비 약 절반으로 감소한 반면 인턴채용은 약 7배 정도 확대될 전망이다(2009년 채용인원은 총 579명).

일반적으로 공기업 시험은 서류전형, 면접전형, 필기시험, 신체검사 등으로 이루어져 있다. 서류전형에서는 이력서와 자격증이 고려된다.

3. 공무원 취업

공무원은 국가기관에 종사하는 인력을 의미하며 안정성 측면에서 가장 각광받는 진로이다.

공무원 취업은 국가고시를 통하여 이루어지며 크게 9급 공무원, 7급 공무원, 5급 국가고시로 분류된다.

- 9급 공무원은 일반행정직, 세무직, 관세직, 교육행정직 등 28종으로 구분되며 국어, 영어, 한국사 외에 분야별로 행정법총론, 교육학개론 등 두 분야의 시험과목이 추가된다.
- 7급 공무원 역시 일반행정직, 세무직, 관세직 등 29종으로 구분되며 국어(한문 포함), 영어, 한국사외에 헌법, 행정학, 경제학 등 3~4개의 시험과목이 추가된다.
- 5급 국가고시에는 행정고등고시(행정직, 기술직)와 외무고등고시가 있다.

사무관리분야의 경우 워드프로세서나 컴퓨터활용능력 자격증, 통신정보처리분야의 경우 정보관리기술사 등을 비롯한 다양한 자격증을 보유하고 있으면 0.5%에서 3%의 가산점을 부여받는다.

공채시험은 매년 3차에 걸쳐 개최되며 시험안내와 시험정보는 중앙인사위원회 홈페이지(www.csc.go.kr)와 사이버 국가고시센터(gosi.csc.go.kr)에서 확인할 수 있다.

4. 사기업 취업

사기업은 사적 자본의 영리를 목적으로 운영되는 기업을 의미한다. 사기업은 규모 상으로는 대기업과 중소기업으로 분류되며 업종별로는 유통업, 정보통신업, 제조업, 전산업,

건설업, 서비스업, 금융업, 교육서비스업, 부동산 및 임대업, 도매 및 소매업 등으로 분류된다. 직종별로 볼 때 경영, 회계, 사무관련 전문직, 생산단순직, 기계관련직, 영업 및 판매 관련직, 건설관련직, 식품가공관련직, 사회복지 및 종교관련직 등으로 분류된다.

대다수의 졸업생들이 사기업 취업을 목적으로 취업준비를 하지만 최근에는 고용의 불안정성 때문에 공기업이나 공무원에 비해 환영받지 못하는 경향이 있다.

사기업의 취업전형은 일반적으로 서류전형, 면접전형으로 이루어져 있다.

5. 창업

취업의 문이 점점 좁아지고 있는 최근, 창업은 젊은 세대의 새로운 진로 가능성으로 인식되고 있다. 소규모 자본과 인맥 및 경험에도 불구하고 성공적으로 창업할 수 있기 위해서는 무엇보다도 열정과 참신한 아이디어의 개발이 필요하다. 그리고 장기적인 목표와 비전을 갖고 밑바닥부터 경험을 쌓아가는 것이 중요하다. 창업에 관한 정보는 한국창업대학생연합회(www.kosen.or.kr), 대한민국창업대전(www.startup.or.kr), 창업신문 창업투데이(www.changuptoday.or.kr) 등에서 수집할 수 있다.

6. 활동지 17-2

※ 다양한 진로의 장단점을 써 보세요.

진 로	장점과 단점		만약에 선택한다면 어디로?
	장 점	단 점	
대학원진학	부족한 전공지식을 더 쌓을 수 있다.	취업이 몇 년 더 늦어진다. 학비를 충당하기 힘들다.	수도권 명문대학 사회복지학과
공기업취업	안정적인 직장이다. 보수가 좋다.	공기업 시험준비에 최소 2년은 투자해야 하며 합격을 보장할 수 없다.	연금공단

제18장 희망 진로 계획

<교수-학습계획안>

주제	희망진로 계획하기				
학습목표	어떤 직업이 존재하며 그 분야에 진출하기 위해 어떤 자격요건이 필요한지 알아본다.				
학습단계	학습내용	교수-학습 과정		시간(분)	자료 및 유의점
		교수	학생		
도입	도입설명	- 어떤 직업군이 존재하는지 설명. - 직업세계로 진출하기 위하여 일반적으로 또는 전공 별로 요구되는 자격 요건에 대하여 설명.	- 설명을 듣는다. - 학습목표를 이해한다.	15	교수자료
전개	모둠 조직	- 소개된 직업 중 어떤 직업이 자신에게 적합한지 기록하도록 지도. - 개별적으로 기록한 부분을 발표하도록 지도.	- 어떤 직업이 본인에게 적합한지 개인적인 생각과 전략을 숙고한다. - 자신의 생각을 짧은 논술로 표현한다. - 각자의 생각을 발표하고 의견을 교환한다.	15	활동지 18-1
	모둠 운영 및 결과 발표	- 직업 별로 요구되는 구체적인 자격요건에 대해 기록하도록 지도. - 학생들이 각자의 계획을 발표하고 상호 의견을 교환하도록 지도.	- 각자 자격요건을 충족하기 위해 어떤 준비를 할 것인지 숙고한다. - 준비전략과 과정을 글로 표현한다. - 상호 의견을 듣고 자신의 준비에 대하여 재검토해본다.	15	활동지 18-2
정리	모둠활동의 의미	- 각자 직업선택과 자격준비에 대한 짧은 논평을 교환하도록 지도한다.	- 직업 모색의 경험에 대한 소감 이야기하기	5	

<학습자료>

학습내용 1. 직업의 종류에 대하여

1. 어떤 직업이 있는가?

직업은 다양하게 분류될 수 있지만 일반적으로 아래와 같이 총 10개의 직업군으로 분류된다. 그리고 각각의 대분류 하에는 소분류, 세분류, 세세분류의 하위 차원이 존재하며 세세분류에 의하면 현재 총 1404개의 직업이 존재한다.

〈직업군 유형분류〉

직업 대분류	내용	소분류	세분류	세세분류
0 의회의원, 고위임직원 및 관리자	법률제정, 정부 대표 및 관리	8	34	72
1 전문가	다양한 분야에서 높은 수준의 전문지식을 보유하고 연구, 개발.	33	75	240
2 기술공 및 준전문가	한 분야에서 기술적 지식과 경험을 기초로 조사, 연구.	29	68	193
3 사무종사자	관리자, 전문가 및 준전문가를 보조하여 입안하고 계획에 따라 업무를 추진, 정보 기록, 계산 및 검색 등의 업무	11	28	58
4 서비스 종사자	관리자, 전문가 및 준전문가를 보조하여 입안하고 계획에 따라 업무를 추진, 정보 기록, 계산 및 검색 등의 업무	14	31	75
5 판매 종사자	도, 소매 상점이나 유사사업체에서 상품을 판매, 선전	6	9	18
6 농업 임업 및 어업숙련 근로자	농산물, 임산물, 수산물 생산, 수확, 사육.	10	24	48
7 기능원 및 관련 기능 종사자	광공업, 건설업 분야에서 기계설치 및 정비, 가공.	17	70	282
8 장치, 기계조작 및 조립 종사자	산업용기계 및 자비를 조작, 제품 조립	23	82	357
9 단순노무 종사자	일상적이고 육체적인 단순노동	9	23	58
A 군인	군복무에 종사	2	3	3
계		162	447	1404

2. 활동지 18-1 작성 예시

※ 자신에게 직업이 무엇을 의미하는지 써보세요.

항 목	순위	이 유
경제적 독립	1	경제적 독립은 직업을 갖는 데 있어서 가장 중요하다.
자아실현	4	자아실현은 배부른 소리라고 생각한다. 대부분의 사람들이 돈을 벌기 위해 일을 한다.

학습내용 2. 진로개척을 위한 요구능력

취업이 어려워지고 경쟁이 치열해질수록 취업을 위해 요구되는 능력도 다양해지고 있다. 다수의 대학생들은 졸업과 동시에 이미 다양한 종류의 자격증과 시험지표를 구비하고 취업에 도전하고 있다. 따라서 대학 시절에 장기적이고 체계적으로 직업활동을 위한 다양한 자격증 공부를 병행하는 것도 중요한 대학 생활의 일부가 되어가고 있다.

특히 취업을 위해 요구되는 능력은 아래와 같은 세 가지 영역으로 구분될 수 있다. 일단은 모든 직업을 초월하여 일반적으로 요구되는 능력은 워드프로세서와 파워포인트, 엑셀 등 다양한 컴퓨터 프로그램 활용능력이라고 할 수 있다. 그 외에 전공 분야 별로 전문적인 자격증이 요구된다. 더욱이 최근 들어 자격증이나 시험만으로는 실질적인 작업능력과 사회생활 능력을 측정하기 힘들다는 관점 하에 인턴십의 중요성 역시 증가하고 있다.

1. 워드프로세서 자격증 (1급 취득 시 7, 9급 공무원시험에 가산점 부여)

워드프로세서 자격증 시험은 필기시험과 실기시험으로 구성되어 있으며 필기시험의 시험시간은 등급마다 상이하다. 실기시험은 컴퓨터작업으로 이루어지며 문서편집 기능을 시험한다. 특히 워드프로세서자격증 1급을 취득할 경우 7급과 9급 공무원시험에서 가산점을 받을 수 있다.

〈워드프로세서 자격증 시험〉

등급	시험방법	시험과목	출제형태	시험시간	합격기준
1	필기	워드프로세싱 용어 및 기능, PC운영체제, PC기본상식	객관식60문항	60분	필기: 과목당 40점 이상 (100점 만점) 실기: 100점 만점에 80점 이상(1급), 70점 이상(2,3급)
	실기	문서편집 기능	컴퓨터작업형	30분	
2	필기	워드프로세싱 용어 및 기능PC 운영체제, PC기본상식	객관식60문항	60분	
	실기	문서편집 기능	컴퓨터작업형	30분	
3	필기	워드프로세싱 용어 및 기능PC 운영체제	객관식40문항	40분	
	실기	문서편집 기능	컴퓨터작업형	30분	

2. 전공분야 자격증

기본적인 컴퓨터 자격증 외에 각 전공 분야에는 전공 자격증이 존재한다. 예를 들어 금융과 무역, 정보통신, 건축 분야 등에는 다수의 전공 분야 자격증이 존재하며 학업과 더불어 자격증 취득시험을 준비할 경우 졸업과 동시에 유리한 위치에서 취업전선에 임할 수 있다.

〈전공분야 자격증 사례〉

분야	자 격 증
금 융	금융자산관리사(FP), 국제공인재무설계사(CFP), 증권투자상담사, 재무위험관리사(FRM)
무 역	국제무역사자격증, 무역영어 자격증(대한상공회의소 주관)
정보통신	정보보안자격증(SIS, CISA, CISSP)
건 축	건축기사, 건축산업기사, 건축설비기사, 실내건축기사, 실내건축산업기사 (한국산업인력공단)
관 광	관광통역안내사, 호텔경영사, 호텔관리사 (한국관광공사)

3. 외국어공인시험

외국어공인시험은 위의 두 가지 항목보다 더 중요하다고도 볼 수 있는 취업의 가장 중요한 첫 번째 관문이다. 특히 영어 TOEIC은 거의 대부분의 영역에서 취업의 첫 관문을 통과하기 위한 기본 요건이므로 저학년 때부터 장기적으로 준비하는 것이 중요하다. 최근에는 특히 말하기시험이나 영어인터뷰까지 추가되고 있는 추세이므로 언어공부를 다각적으로 해나가도록 한다.

〈외국어공인시험 사례〉

언어	시 험	내 용	시험방법
영 어	TOEIC	가장 보편적인 직원선발 기준	연간 12회, 듣기, 읽기 시험,
	TOEIC S&W	토익의 단점보완	연간 12회, 듣기, 읽기, 말하기, 쓰기 시험
	TOEFL	미국대학 진학을 위한 영어시험, 유학 시 필수	
	TEPS	서울대 영어능력검정시험	연간 12회 시험, 청해, 문법, 어휘, 독해 시험, 200문항을 2시간 35분 진행, 990점 만점
일본어	JLPT	일본 대학 진학을 위한 시험	연 1회 개최 문자어휘, 청취력, 독해문법
	JPT	일반적인 언어능력 시험, 국제교류진흥회 주관	청해와 독해시험
중국어	HSK	중국 국가공인능력시험	초, 중, 고등단계, 한어수평증서 발급
불 어	DELF/ DALF	공인 불어시험 주한프랑스대사관 주관	필기, 말하기, 쓰기 시험
독 어	ZD.ZMPKDS	공인 독일어시험	기초, 중급, 상급 시험, 독일대학입학을 위한 시험

4. 인턴십

최근 들어 인턴십의 중요성이 나날이 커지고 있으며 부분적으로 인턴십은 기업에 채용되기 위한 필수조건이 되어 가고 있다. 자격증 보유나 학점 등에서 취업자와 미취업자 간의 차이가 크지 않은 반면에 인턴십이나 공모전 등, 보다 전문적이고 본격적인 취업 준비의 자세를 보여주는 요인들이 취업에 보다 결정적인 영향을 미친다고 한다. 다수의 대기업은 우수한 인력을 확보하기 위하여 졸업생 및 졸업예정자를 대상으로 인턴십을 운영하고 있으며 신규채용과정에서 인턴십 프로그램에 참여했던 후보자들을 우대하거나 우수 인턴사원을 정규직으로 전환하기도 한다. 삼성전자는 2009년 실무형 인재를 선출한다는 취지하에 인턴십을 통해 능력이 검증된 후 채용하는 '실무형 신입사원 채용제도'를 도입하기도 하였다. 따라서 인턴십도 정규직 채용처럼 까다로워지고 있으며 인·적성검사와 프리젠테이션 면접, 토론 면접 등을 철저히 준비해야 한다.

〈인턴십 사례〉

주최기관		자격요건, 선발절차	인턴십 기간
산업인력공단 해외취업지원부는	국비지원 해외인턴십	전문대졸 이상 학력 소지자로 토익 점수 700점 이상 어학능력우수자	미국은 14주, 호주는 20주다
삼성전자	대학생 인턴십	삼성직무적성검사(SSAT)와 면접	8~9주
노동부	중소기업 청년인턴제	15세 이상 30세 미만의 미취업상태인 졸업생 및 휴학생	6개월

5. 활동지 18-2 작성 예시

※ 자격증 취득 계획을 세워 보세요.

자 격 명	1. 워드프로세서 1급 자격증	2. 금융자산관리사	3.
취득목적	취업에 유리함	금융권에 진출하기 위해	
시험일정	5월 30일	9월	

제6편 활 동 지

제1장 우리 학교 알기

활동지 1-1. 학교 역사와 상징물 이해하기

학습목표	우리 학교의 역사와 상징물 이해를 통하여 소속감을 고취한다.
나는 누구인가?	학과 ( ) 학번 ( ) 이름 ( )

※ 우리 대학의 역사와 상징, 교훈 등을 알아봅시다. 수업시간에 들은 내용을 기억하며 차근차근 적어봅시다.

1. 배재대학교의 전신인 배재학당이 설립된 것은 언제인가요?

2. 우리 대학의 개교기념일은 언제인가요? 왜 그 날이 개교기념일로 지정된 것인가요?

3. 우리 대학이 4년제 대학이 된 것은 언제인가요?

4. 우리 학교의 교훈은 무엇인가요? 그 의미는 무엇이라고 생각하나요?

5. 학당가의 가사를 적어 볼까요?

6. 우리 학교의 교화(校花), 교목(校木), 그리고 상징동물은 무엇인가요?
   1) 교화(校花)

   2) 교목(校木)

   3) 상징동물

제1장 우리 학교 알기

활동지 1-2. 주요 부서 업무 알기

학습목표	대학생활을 하면서 도움을 받거나 자주 이용하게 되는 주요 부서와 업무를 알아본다.
나는 누구인가?	학과 ( ) 학번 ( ) 이름 ( )

※ 다음 활동을 통하여 대학생활을 하면서 자주 이용하게 되거나 도움을 받을 수 있는 여러 기관들과 그 업무를 숙지해 둡시다.

1. 수업이나 성적, 학적, 휴학, 자퇴 등과 관련해서는 어디에 문의해야 할까요?

2. 장학금이나 동아리활동, 취업, 학생회 등과 관련해서는 어느 부처에 알아볼 수 있을까요?

3. 교환학생으로 외국대학을 가거나 해외어학연수를 가고 싶다면 어떤 부처에 알아보아야 할까요?

4. 컴퓨터 네트워크와 관련된 문의는 어떤 부처에 해야 할까요?

5. 효과적인 학습방법 등 공부방법과 관련된 도움을 받으려면 어떤 부처로 가면 될까요?

6. 여름휴가를 맞아 친구들과 바닷가를 가고 싶습니다. 우리 대학의 어떤 시설을 이용할 수 있을까요?

7. 집안에 전세금 문제로 법적 다툼이 생겼습니다. 학내에서 이러한 법률문제에 관하여 문의할 수 있는 곳이 있을까요?

8. 최근 독감이 유행중입니다. 학교에서도 독감예방주사를 맞을 수 있다고 하는데 어디로 찾아가야 할까요?

9. 학교의 주요 복지시설 이용과 관련하여 건의사항이 있다면 적어 보세요.

제1장 우리 학교 알기

활동지 1-3. 도서관 이용법 익히기(과제)

학습목표	대학생활에서 가장 중요한 도서관 이용법을 이해하고, 실제 이용 체험을 통하여 이를 습득한다.
나는 누구인가?	학과 (　　　　　　　) 학번 (　　　　　　　) 이름 (　　　　　　)

※ 도서관을 실제로 이용해 보고 그 체험 내용을 적어봅시다.

1. 도서관 비밀번호 등록하기

2. 도서관에서 자료 대출해 보기

3. 도서관에서 자료 복사해 보기

4. 도서관 다양한 자료실 체험해 보기

5. 도서관에서 희망도서 신청해 보기

6. 도서관에서 대출한 도서 대출기간 연장해 보기

7. 전자저널 찾아보기

8. 집에서 학교처럼 도서관홈페이지 이용하기

9. 건의사항

제2장 우리 학과(전공) 알기

활동지 2-1. 학과 개요 익히기

학습목표	학과의 교육목표와 학과교수님들을 알아봅시다.
나는 누구인가?	학과 (　　　　　　) 학번 (　　　　　　) 이름 (　　　　　　)

※ 우리 학과 교수님들과 주요 구성원, 그리고 교육목표를 알아봅시다.

1. 학과의 교육목표는 무엇인가요?

2. 학과의 좌우명을 만들어 봅시다.

3. 학과의 보직교수로는 어떤 분이 있습니까?

4. 우리 학과에 있는 교수님들과 각 교수님의 전공을 알아봅시다.

5. 우리 학과 조교와 학생회 임원들은 누구인지 알아봅시다.

제2장 우리 학과(전공) 알기

활동지 2-2. 교육과정 이해하기

학습목표	우리 학과의 교육과정과 개설교과목들을 알아봅시다.
나는 누구인가?	학과 (　　　　　　) 학번 (　　　　　　) 이름 (　　　　　　)

※ 우리 학과의 졸업이수학점, 전공필수과목과 선택과목 등 주요 교과목, 교육과정의 체계와 로드맵 등을 알아봅시다.

1. 졸업에 필요한 학점은 얼마나 되나요?

2. 졸업을 위해서 전공학점은 얼마나 이수해야 하나요?

3. 전공필수과목은 모두 몇 학점이며 학년별, 학기별로 어떤 과목으로 구성되어 있나요?

학년	학기	과목명(학점)	계(과목/학점)
1	1		
	2		
2	1		
	2		
3	1		
	2		
4	1		
	2		

제2장 우리 학과(전공) 알기

활동지 2-2. 교육과정 이해하기

4. 나는 장래 진로와 관련하여 어떤 시기에 어떤 전공과목을 이수할 계획인지 적어봅시다.

구분	1학년	2학년	3학년	4학년
1학기				
2학기				

5. 새로 개설되었으면 좋겠다고 생각하는 과목이나 주제가 있다면 적어봅시다.
   예) 법과 정치 등

제2장 우리 학과(전공) 알기

활동지 2-3. 학과 주요 행사 및 동아리 알아두기

학습목표	학과의 주요 행사와 동아리 등에 대해 알아봅시다.
나는 누구인가?	학과 ( ) 학번 ( ) 이름 ( )

※ 우리 학과 주요 행사 및 각종 동아리 활동과 우리 학과만의 특징적인 제도들에 대해 알아봅시다.

1. 학과의 공식행사에는 어떤 것이 있나요? 그 중 특히 어떤 행사에 관심이 있나요?

2. 현재 우리 학과에는 없지만, 향후 있었으면 하는 행사는 어떤 것이 있을까요?

3. 학과내 동아리로는 어떤 것이 있으며, 그 중 특히 어떤 동아리에 관심이 있나요?

4. 내가 새로 만들어 보고 싶은 동아리는?

5. 우리 학과만의 장학제도에 대해 알고 있나요? 알고 있다면 그것은 어떤 것인가요? 또 그것에 대한 자신의 평가는 어떠한가요?

6. 우리 학과에는 학생들의 진로 선택에 도움을 주고 학습의욕을 북돋우기 위해서 **** (예: 모의고사)를 실시하고 있습니다. 이를 경험해 본 적이 있나요? 경험해 본 적이 없다면 그 이유는 무엇인가요? 경험해 본 적이 있다면 어떤 점이 좋고 어떤 점이 개선해야 할 부분이라고 생각하는가요?

제3장 나의 이해

활동지 3-1. 나의 자아 발견

학습목표	여러 측면의 '나'를 적어봄으로써 '나'를 이해합니다.
나는 누구인가?	학과 (　　　　　　　) 학번 (　　　　　　　) 이름 (　　　　　　　)

※ 다음은 나의 자아 발견을 위해 본인이 생각하는 나에 대해 기록하는 부분입니다. 담당 교수님과 다른 학생들에게 소개해줄 내용을 기록해보세요.

1. 내가 바라는 나
2. 지금의 나
3. 나의 문제
4. 나의 흥미

<내가 바라는 나>

구　　분	내　　용
① 현재의 나의 성격	
② 내가 좋아하는 성격상	
③ 내가 갖고 싶은 직업	
④ 내가 가장 싫어하는 행동	

<지금의 나>

구　　분	내　　용
① 나에게 가장 소중한 물건	
② 내가 가장 소망하는 것	
③ 나의 자랑 3가지	
④ 나의 단점 3가지	

<나의 문제>

구　　분	내　　용
① 내가 보는 나	
② 남이 보는 나	
③ 고쳐야 할 나의 습관	
④ 고쳐야 할 나의 성격	

제3장 나의 이해

활동지 3-1. 나의 자아 발견

<나의 흥미>

어린 시절	1. 어린 시절에 나는 어떤 일을 하는 것이 가장 재미있었으며 그 이유는?
	2. 어린 시절에 가졌던 가장 아름다웠던 꿈은 무엇이었으며 그 이유는?
	3. 어린 시절에 내가 가장 동경했던 인물은 누구이며 그 이유는?
생활 행동	1. 나는 어떤 취미를 가지고 있으며 그 이유는?
	2. 가장 즐기는 여가 선용 활동은 무엇이며 그 이유는?

제3장 나의 이해

활동지 3-2. 대학생으로서의 나의 자아 - "나" 발전전략 세우기

학습목표	목표달성을 위한 '나' 발전 전략을 세워봅니다.
나는 누구인가?	학과 ( ) 학번 ( ) 이름 ( )

※ 나의 목표를 적어보고, 이상적인 '나'의 모습을 그려봅시다. 그리고 목표를 달성하기 위한 계획과 과정을 생각해봅시다.

1. 나의 목표
   (1) 나의 삶에 있어서 최고 목표는 ______________________이다.
   (2) 지금부터 10년 안에 나는 ______________________을 성취하고 싶다.
   (3) 지금부터 5년 동안에 나는 ______________________을 이루고 싶다.
   (4) 금년 말까지 나는 ______________________을 이루고 싶다.
   (5) 이번 달에 나는 ______________________을 하고 싶다.
   (6) 이번 주에 나는 ______________________을 하고 싶다.

2. 자신이 바라는 이상적인 '나'

3. '나'의 발전 전략은?

4. '나'의 발전 전략 달성을 위한 나의 개선 요인 및 방안은?

제4장 학습 목표

활동지 4-1. 총괄적 목표 세우기

학습목표	목표설천의 중요성을 알고 구체적이고 실천적인 학습목표를 세울 수 있다.
나는 누구인가?	학과 ( ) 학번 ( ) 이름 ( )

※ 나의 목표를 적어봅시다.

1. 내가 원하는 삶은 어떤 삶인가요? (가치관 확인)

2. 전반적 삶의 목표를 검토하여 봅시다.

 * 나의 삶의 있어서 최고의 목표는 ______________________________이다.
 * 지금부터 10년 동안에 나는 ______________________________을 하고(이루고) 싶다.
 * 대학을 졸업할 때까지 나는 ______________________________을 하고(이루고) 싶다.
 * 이번 학년에 나는 ______________________________을 하고(이루고) 싶다.
 * 이번 학기에 나는 ______________________________을 하고(이루고) 싶다.

3. 중/단기 목표 설정 : 대학교육 기간 중 목표 수립

 * 배재대학교의 학과생활 기간 동안 이루고자 하는 목표는 무엇인가?

 * 위 목표를 성취한 후의 나의 삶은 어떤 변화를 가져오게 되는가?

 * 위 목표를 성취하기 위해 나는 어떠한 일들을 해야만 하는가?

 * 자신 외에 위의 목표 성취에 관심을 많이 갖고 있는 사람은 누구인가?

 * 누구를 위해서라도 이러한 목표를 성취하여야 하겠는가?

 * 이러한 목표가 성취되었는지 성취 여부를 판단할 수 있는 기준은 무엇인가?

제4장 학습 목표

활동지 4-2. 새학기 학습목표 세우기

학습목표	목표설천의 중요성을 알고 구체적이고 실천적인 학습목표를 세울 수 있다.
나는 누구인가?	학과 ( ) 학번 ( ) 이름 ( )

※ 학사일정표를 확인하고 성공적인 대학생활의 한 학기를 위한 학습목표를 세워봅시다.

주차	수업내용 및 과제	나의 학습목표	실천 점수
1			
2			
3			
4			
5			
6			
7			
8			
9			
10			
11			
12			
13			
14			
15			

제5장 시간 관리

활동지 5-1. 나의 시간사용 확인하기

학습목표	시간 관리를 위한 나의 시간 활용 습관을 알아봅니다.
나는 누구인가?	학과 (　　　　　　　) 학번 (　　　　　　　) 이름 (　　　　　　)

※ 나의 시간 사용에 다음의 사항들을 확인하여 봅시다.

- 고정시간 : 마음대로 바꿀 수 없는 시간
  ex) 수업시간과 과목명, 보충수업시간과 과외 학습시간, 종교활동시간, 근무시간 등
- 생활시간 : 일상생활에 필요한 시간
  ex) 수면시간, 세면시간, 식사시간, 청소시간, 각종 이동에 필요한 시간 등
- 자유시간 : 마음의 안정과 여유를 주는 시간, 개인적인 시간
  ex) TV시청이나 라디오 청취, 운동, 대화, 취미 및 동아리 활동, 독서, 친구만남, 오락 등
- 학습시간 : 학교 수업 외에 공부하는 시간

항목		시간	총시간
고정시간	수업참여		
	학원 등 과외 학습시간		
	종교활동시간		
	근무시간		
생활시간	수면시간		
	세면시간		
	식사시간		
	이동시간		
	기타 생활시간		
자유시간	휴식, TV, 오락		
	취미 및 동아리		
	친구		
	기타 자유시간		
학습시간	학교수업외 공부시간		

낭비되는 시간은 없습니까?

시간 낭비 요인	
외적 낭비 요인	내적 낭비 요인
• 전화, 방문, 모임, 회의 • 기다리는 시간 • 우편물과 읽을거리 • TV 시청 • 적절한 정보의 부족 • 다른 사람의 실수 처리	• 계획, 관리의 부족 • 우선순위 설정의 미비 • 위임을 하지 못함 • 급한 것 먼저함, 미루기 • 의사소통의 실패 • 거절을 못함, 피로

제5장 시간 관리

활동지 5-2. 일주일 시간 계획하기

학습목표	보람찬 생활을 위한 일주일의 시간을 계획해 봅니다.
나는 누구인가?	학과 ( ) 학번 ( ) 이름 ( )

※ 다음은 일주일의 생활계획표입니다. 오늘부터 앞으로의 일주일의 시간계획표를 작성해 봅시다.

날짜 / 시간	/	/	/	/	/	/	/
6-7							
7-8							
8-9							
9-10							
10-11							
11-12							
12-1							
1-2							
2-3							
3-4							
4-5							
5-6							
6-7							
7-8							
8-9							
9-10							
10-11							
11-12							
12-1							
2-3							
3-4							
4-5							
5-6							

제6장 스트레스 관리

활동지 6-1. 생활사건 스트레스 알아보기

학습목표	나의 일상생활 스트레스와 효과적 대처방법을 생각해 봅니다.
나는 누구인가?	학과 ( ) 학번 ( ) 이름 ( )

※ 다음은 여러분이 일상생활에서 경험하는 스트레스 횟수를 적어 봅시다.

1. 오른쪽 열에 지난 1년간 경험한 스트레스 횟수를 적어 봅시다.

생활사건	스트레스 가중치	지난 1년간 경험 횟수	스트레스 점수
1. 배우자(이성 친구)의 사망	100×		
2. 이혼	73×		
3. 배우자(이성 친구)와 별거	65×		
4. 감옥이나 수용소에 구류	63×		
5. 가까운 가족의 사망	63×		
6. 대형사고나 질병	53×		
7. 결혼	50×		
8. 직장에서 해고	47×		
9. 배우자(이성 친구)와 결합	45×		
10. 퇴직	45×		
11. 가족의 중요 건강문제	44×		
12. 임신	40×		
13. 성 관련 문제	39×		
14. 새로운 가족 영입(출생, 양자, 노인 모시기 등)	39×		
15. 대형 사업 재조정(합병, 구조조정, 파산)	39×		
16. 재정 상태의 큰 변화	38×		
17. 친한 친구의 죽음	37×		
18. 직장에서 전혀 다른 업무로 바뀜	36×		
19. 배우자(이성 친구)와 논쟁 횟수가 크게 늘거나 줌	35×		
20. 저당이나 대부금 부담이 수입의 25% 이상 (집 구매, 사업 등)	31×		
21. 저당물을 찾는 권리의 상실	30×		
22. 직장에서 책임의 큰 변화(승진, 좌천 등)	29×		
23. 자녀가 집을 떠남 (결혼, 대학 입학 등)	29×		
24. 사위, 며느리 또는 사돈 간의 문제	29×		
25. 눈에 띄는 훌륭한 성취	28×		

제6장 스트레스 관리

활동지 6-1. 생활사건 스트레스 알아보기

생활사건	스트레스 가중치	지난 1년간 경험 횟수	스트레스 점수
26. 아내(이성 친구)가 일을 시작하거나 하던 일을 그만 둠	26×		
27. 학업을 시작하거나 중단함	26×		
28. 생활 조건의 큰 변화 (새 집 건축, 개축, 집이나 주위가 나빠짐)	25×		
29. 개인 습관이 바뀜(옷, 태도, 교제 등)	24×		
30. 직장상사와의 불화	23×		
31. 작업시간이나 조건의 큰 변화	20×		
32. 이사(주거 변경)	20×		
33. 새 학교로 전학	20×		
34. 오락의 종류와 시간이 크게 바뀜	19×		
35. 종교 활동의 큰 변화	19×		
36. 사회활동 (계모임, 사교모임, 연회, 방문 등)의 큰 변화	18×		
37. 저당이나 대부금 부담이 수입의 25% 미만 (자동차, TV, 냉장고 등 구매)	17×		
38. 수면 습관의 큰 변화 (수면의 양, 취침시간 등)	16×		
39. 가족 모임의 숫자가 크게 변함 (평소보다 많이 늘거나 주는 경우)	15×		
40. 음식 습관의 큰 변화 (먹는 양, 식사시간 등)	15×		
41. 휴가	13×		
42. 대형 축제, 연휴 (크리스마스 등)	12×		
43. 경범죄 (교통위반, 무단횡단, 소란죄 등)	11×		
합 계			

오른쪽 열에 있는 스트레스 점수를 먼저 계산한 후에 합계를 냅니다. 예를 들어, 6. 대형사고나 질병을 두 번 경험했다면 53(스트레스 가중치)×2(지난 1년간 경험한 횟수)=106(스트레스 점수)입니다.

2. 합계가 300점 이상이면 높은 스트레스 수준, 300~150점이면 중간 정도의 스트레스 수준, 150점 이하면 낮은 스트레스 수준을 나타냅니다. 여러분의 점수 결과는 어떠합니까?

제6장 스트레스 관리

활동지 6-1. 생활사건 스트레스 알아보기

3. 여러분이 현재 일상생활에서 가장 크게 겪고 있는 스트레스는 무엇입니까?

4. 그러한 스트레스에 대처하는 자신만의 방법을 갖고 있습니까? 스트레스가 자신의 일상생활에서 미친 영향을 알아보고 그것에 대처하는 효과적인 방법을 생각해 봅시다.

제6장 스트레스 관리

활동지 6-2. 자기관리 스타일 알아보기

학습목표	자기관리 스타일을 알아보고 자기돌봄 전략을 생각해 봅니다.
나는 누구인가?	학과 ( ) 학번 ( ) 이름 ( )

※ 다음은 여러분들이 일상생활에서 어떻게 자기관리를 해 나가고 있는지를 알아보기 위한 것입니다. 해당란에 ○로 표시해 봅니다.

내 용	예	아니오
1. 나는 항상 규칙적으로 식사한다.		
2. 나는 패스트푸드를 좋아하지 않는다.		
3. 나는 채소와 과일을 즐겨 먹는다.		
4. 나는 운동하는 시간이 매일 정해져 있다.		
5. 나는 술을 일주일에 한 번 이하로 마신다.		
6. 나는 담배를 피우지 않는다.		
7. 나는 거의 12시 이전에 잠든다.		
8. 나는 아침 일찍 일어난다.		
9. 나는 잠을 충분히 잔다.		
10. 나는 외박을 하지 않는다.		
11. 나는 항상 제시간에 리포트를 제출한다.		
12. 나는 의논할 수 있는 친구가 항상 한두 명 있다.		
13. 가족은 나에게 큰 힘이 된다.		
14. 나는 동호회 모임에 정기적으로 나간다.		
15. 선배나 후배들에게 내 고민을 털어놓는다.		
16. 나는 화가 나면 바로 푸는 편이다.		
17. 나는 정기적으로 종교 활동을 한다.		

1. 여러분의 현재 자기관리 스타일을 어떻습니까? 자신이 효과적으로 관리해 나가는 부분에 대해서 조별로 토의해 봅시다.

2. 현재 자신을 효율적으로 관리하지 못하여 스트레스를 받고 있거나 육체적, 심리적, 영적 안녕을 해치고 있지는 않습니까? 있다면 그에 효과적으로 대처하기 위한 방법이 있습니까?

제7장 방학 설계

활동지 7-1. 방학설계를 위한 기초사항

학습목표	올바른 방학 설계를 위하여 점검해야 할 사항들을 기록해 보자.
나는 누구인가?	학과 ( ) 학번 ( ) 이름 ( )

※ 방학 설계를 하기 위해 자신의 경험과 현재의 상황을 차분히 정리해 봅시다.

1. 과거 방학의 경험에서 찾아보는 교훈

구 분	항 목	이 유	대 책
효과적이었던 점			
비효과적이었던 점			
이번 방학생활의 원칙			

2. 방학 설계시 고려해야 할 사항

순번	가 정	학 교	직 장	친구/연인
1				
2				
3				

3. 방학 중 할 일 및 우선순위

우선순위	할 일	목표치
1		
2		
3		
4		
5		

제7장 방학 설계

활동지 7-2. 부문별 목표 및 실행계획 및 평가(과제)

학습목표	방학 중 부문별 목표와 실행계획을 수립하여 실천하고, 방학이 끝날 때 이를 평가해 보자.
나는 누구인가?	학과 ( ) 학번 ( ) 이름 ( )

※ 부분별 목표를 세우고 스스로 그 진행상황에 대하여 평가해 봅시다.

* 실행도와 평가는 해당 기간이 지난 후 작성하고 개학후 지도교수와 결과에 대해 논의하기 바랍니다.

대분류	소분류	목표	주별 계획			실행도 (%)	평가
			1주	2주	3주		
학습	전공학습						
	외국어학습						
	취업관련						
돈벌이	아르바이트						
	인턴						
자기 계발	봉사활동						
	여행						
	독서						
	취미활동						
기타							

대분류	소분류	목표	주별 계획			실행도 (%)	평가
			4주	5주	6주		
학습	전공학습						
	외국어학습						
	취업관련						
돈벌이	아르바이트						
	인턴						
자기 계발	봉사활동						
	여행						
	독서						
	취미활동						
기타							

제7장 방학 설계

활동지 7-2. 부문별 목표 및 실행계획 및 평가(과제)

대분류	소분류	목표	주별 계획			실행도 (%)	평가
			7주	8주	9주		
학습	전공학습						
	외국어학습						
	취업관련						
돈벌이	아르바이트						
	인턴						
자기 계발	봉사활동						
	여행						
	독서						
	취미활동						
기타							

제8장 수업 중에 해야 할 일

활동지 8-1. 본인의 실천방법

학습목표	대학 생활의 가장 중요한 부분인 전공성적을 높이는 공부방법을 효율적으로 습득한다.
나는 누구인가?	학과 (　　　　　　) 학번 (　　　　　　) 이름 (　　　　　　)

※ 다음은 대학 전공성적을 높일 수 있는 공부방법을 교재읽기, 수업경청, 효과적인 노트필기 부분으로 나누어서 본인이 효과를 본 실천 방법을 기록하는 부분입니다. 담당교수님과 다른 학생들에게 소개해줄 내용을 기록해보세요.

1. 교재읽기
   1)
   2)
   3)
   4)
   5)

2. 수업경청
   1)
   2)
   3)
   4)
   5)

3. 효과적인 노트필기
   1)
   2)
   3)
   4)
   5)

제8장 수업 중에 해야 할 일

활동지 8-2. 본인의 교재읽기, 수업경청 체크리스트

학습목표	자신의 공부 습관을 확인해 본다.
나는 누구인가?	학과 ( ) 학번 ( ) 이름 ( )

※ 다음은 대학 전공성적을 높일 수 있는 공부방법을 교재읽기, 수업경청, 학습전략 리스트 부분으로 나누어서 본인의 습관을 확인해보는 코너입니다. 본인의 점수를 확인해보세요.

1. 나의 교재읽기 습관

* 다음 목록을 보고 나의 읽기습관에 해당하는 점수에 체크한 후, 모든 점수를 합산해보세요.

읽기 습관	전혀 아님	드물게	자주	항상
1. 어떤 종류의 글이냐에 따라 읽는 속도나 접근 방법이 다르다.	1	2	3	4
2. 읽기에 편안한 시간이나 장소, 환경을 고려한다.	1	2	3	4
3. 읽어서 무엇을 얻고자 하는지 목표를 정한다.	1	2	3	4
4. 읽기 전에 먼저 대략적으로 훑어본다	1	2	3	4
5. 읽을 내용을 보고 얼마나 걸릴 것인지, 어떤 부분까지 읽고 휴식할 것인지를 생각해 둔다.	1	2	3	4
6. 읽는 속도를 빠르게 하여 이해력을 높이고자 한다.	1	2	3	4
7. 읽으면서 중요한 사항에 표시하거나 메모한다.	1	2	3	4
8. 읽은 후에 내용을 요약하거나 정리한다.	1	2	3	4

[점수] * 25점 이상: 전반적으로 좋은 읽기 습관을 갖고 있습니다.
* 17-24점: 때때로 좋은 읽기 전략을 사용하고 있으나 더 향상시키기를 권장합니다.
* 16점 이하: 효과적인 읽기 방법을 익히는 것이 필요합니다.

2. 수업경청

* 다음 목록을 보고 내가 강의실에 들어가는 이유입니다. 해당사항에 모두 체크해보세요.

내가 강의실에 들어가는 이유	해당됨
1. 내가 어떤 사람인지를 알기 위해	
2. 나의 능력을 개발하기 위해서	
3. 교과의 목표를 성취하기 위해서	
4. 혼자서는 교과내용을 이해하기 어려워서	
5. 좋은 성적을 얻기 위해서, 장학금을 타기 위해서	
6. 어떤 교수가 강의를 잘 하는가 평가하기 위해서	
7. 출석을 인정받기 위해서	

제8장 수업 중에 해야 할 일

활동지 8-2. 본인의 교재읽기, 수업경청 체크리스트

내가 강의실에 들어가는 이유	해당됨
8. 출석을 인정받기 위해서	
9. 다른 할 일이 별로 없어서	
10. 누군가를 만나기 위해서	
11. 불성실한 학생이라는 오명을 받고 싶지 않아서	

* 체크리스트 중에 1-4번은 내적동기와, 5-10번은 외적 동기와 관련이 있다. 행동의 주된 원인이 외적 동기에 있는 사람은 환경에 지배받기 쉽기 때문에 건강한 삶을 살고 있다고 말하기 어렵다. 따라서, 자율적이고 충실한 삶을 살기 위해서는 내적 동기에 의해 행동하는 사람으로 거듭나야 할 것이다.

3. 메타인지 학습전략 체크리스트

* 다음 목록을 보고 나의 학습전략 패턴에 해당하는 점수에 체크한 후, 모든 점수를 합산해보세요.

<보기> ① = 매우 그렇지 않다 ④ = 보통이다 ⑦ = 매우 그렇다

학습전략							
1. 학습내용을 예습할 때 읽은 부분에 대해 질문을 생각해 가면서 요지를 읽어 나간다.	①	②	③	④	⑤	⑥	⑦
2. 학습자료를 읽다가 혼돈이 되는 부분이 있을 때, 되돌아가 이해하려고 노력한다.	①	②	③	④	⑤	⑥	⑦
3. 수업자료를 이해하기 어려우면 자료를 읽는 방법을 변화시킨다.	①	②	③	④	⑤	⑥	⑦
4. 새로운 수업의 자료를 본격적으로 공부하기 전에 나는 그 자료가 어떻게 조직되어 있는지를 알아보기 위해 자주 훑어본다.	①	②	③	④	⑤	⑥	⑦
5. 수업시간에 공부한 자료를 제대로 이해했는지를 확신하기 위해 스스로에게 질문을 한다.	①	②	③	④	⑤	⑥	⑦
6. 수업에서 요구하는 것과 교수님이 가르치는 스타일에 맞춰 공부하는 방법을 변화시킨다.	①	②	③	④	⑤	⑥	⑦
7. 공부할 때 학습자료를 바로 끝까지 읽기 보다는 자료에서 학습하리라 예상되는 것을 찾아보고 주제를 생각해 본다.	①	②	③	④	⑤	⑥	⑦
8. 공부할 때, 내가 잘 이해하지 못하는 개념들을 확인하려고 한다.	①	②	③	④	⑤	⑥	⑦
9. 공부할 때, 학습활동을 계획적으로 하기 위해 스스로 목표를 정한다.	①	②	③	④	⑤	⑥	⑦
10. 수업시간에 노트필기를 제대로 못했다면 나중에 그것을 명확히 한다.	①	②	③	④	⑤	⑥	⑦

* 상 (51점 이상): 우수한 초인지 학습전략자
* 중 (19-50점): 초인지 학습전략자로 발전 가능
* 하 (10-18점): 분발하세요.

제8장 수업 중에 해야 할 일

활동지 8-3. 조별 토론 및 발표

학습목표	효과적인 공부방법을 소개하고 토론해 본다.
나는 누구인가?	학과 (　　　　　) 학번 (　　　　　) 이름 (　　　　　)

※ 다음은 대학 전공성적을 높일 수 있는 공부방법을 교재일기, 수업경청, 효과적인 노트필기의 효과적인 실천방법을 본인의 경험을 사례로 기록하는 부분입니다. 담당교수님과 다른 학생들에게 소개해줄 사례와 상황을 토론한 후 발표해보세요.

1. 교재읽기
 1) 상황이나 사례 설정
 (6하원칙에 근거해서 구체적으로: 예) 2009년 3월 30일 관광소비자행동론 수업을 들으면서 교재읽기 실천방법 중 어떤 방법이 어떻게 효과가 있었다. 등)

 2) 강조 포인트

2. 수업경청
 1) 상황이나 사례 설정
 (6하원칙에 근거해서 구체적으로: 예) 2009년 3월 30일 관광소비자행동론 수업을 들으면서 수업경청 실천방법 중 어떤 방법이 어떻게 효과가 있었다. 등)

 2) 강조 포인트

제8장 수업 중에 해야 할 일

활동지 8-3. 조별 토론 및 발표

3. 효과적인 노트필기

1) 상황이나 사례 설정
(6하원칙에 근거해서 구체적으로: 예) 2009년 3월 30일 관광소비자행동론 수업을 들으면서 교재읽기 실천방법 중 어떤 방법이 어떻게 효과가 있었다. 등)

2) 강조 포인트

제9장 시험 대비 전략

활동지 9-1. 나의 실천방법

학습목표	전공 성적의 체계적 관리를 위한 공부법을 서로 공유하여 실천할 수 있다.
나는 누구인가?	학과 ( ) 학번 ( ) 이름 ( )

※ 다음은 대학 전공 성적을 학생이 체계적으로 관리할 수 있도록 시험대비 전략에 대한 본인이 효과를 본 실천 방법을 기록하는 부분입니다. 담당교수님과 다른 학생들에게 소개해 줄 내용을 기록해보세요.

1. 시험대비 모둠 구성
1) 2) 3) 4) 5)
2. 시험답안 작성법
1) 2) 3) 4) 5)
3. 시험 심리적 대처법
1) 2) 3) 4) 5)

제9장 시험 대비 전략

활동지 9-2. 조별 토의 및 발표하기

학습목표	순위를 매겨 효과적인 자신의 효과적인 공부법을 확립한다.
나는 누구인가?	학과 ( ) 학번 ( ) 이름 ( )

※ 다음은 대학 시험과 관련된 각종 상식입니다. 다음 내용을 읽고 어떠한 방법이 효과적인지 본인의 경험을 바탕으로 담당교수님과 다른 학생들에게 소개해줄 사례와 상황을 토의한 후 발표해보세요.

1. 시험공부 방법

* 다음 항목을 본인에게 중요한 순서대로 순위를 매겨 보세요.

- 시험정보를 파악한다. 시험일시, 시험범위, 시험유형 등을 확실히 파악한다.
  ( )
- 교재내용을 이해한다. 주제, 개념, 공식, 핵심내용 등을 중심으로 암기보다는 이해한다.
  ( )
- 기출문제를 활용한다. 기출문제는 출제경향과 핵심내용을 파악할 수 있는 좋은 자료이므로 기출문제를 구해 활용한다.
  ( )
- 노트필기를 주의깊게 본다. 노트필기에는 교수님이 설명하고 강조한 내용이 잘 나와 있으므로 시험에 나올 가능성이 높다.
  ( )
- 내용을 요약한다. 내용을 익히며 요약한 페이지는 반복학습을 할 때 시간을 절약할 수 있다.
  ( )
- 출제자가 되어 본다. '교수님이 어떤 문제를 출제할까?' '내가 교수님이라면 어떤 문제를 출제할까?'를 생각하며 공부하게 되면 좀 더 적극적으로 학습할 수 있다.
  ( )
- 스스로 문제를 만들고 진단해 본다. 머리로 아는 것과 표현하는 것은 다르기 때문에 출제를 해보고 답안을 작성하면 미처 생각하지 못한 부족한 점을 발견하고 보완할 기회를 가질 수 있다.
  ( )

2. 시험 전 날에는 무엇을 하는가?

* 다음 항목을 본인에게 중요한 순서대로 순위를 매겨 보세요.

- 평소처럼 충분히 잠자고 평소처럼 식사를 한다.
  ( )

제9장 시험 대비 전략

활동지 9-2. 조별 토의 및 발표하기

- 어쩔 수 없이 벼락치기, 밤새기를 해야 한다면 달성 가능한 시험목표의 수준을 정한다. 또한 전날 밤 모든 것을 공부할 수는 없으니 핵심개념과 아이디어 위주로 공부한다. 시험 시간에 늦지 않도록 여러 친구들에게 깨워줄 것을 부탁한다. 자명종 시계를 믿지 말라. 매년 밤새워 시험공부하다가 정작 시험시간에 맞추어 들어오지 못하는 학생들이 있다.
( )
- 시험치는 시간과 장소를 정확히 알아둔다.
( )
- 시험에 필요한 준비물 (계산기, 시계, 지우개 등)은 미리 챙겨둔다.
( )

3. 시험 전 긴장을 줄이는 방법

* 다음 항목을 본인에게 중요한 순서대로 순위를 매겨 보세요.

- 심호흡을 한다. 숨을 깊이 들이쉬어 긴장감을 줄여본다.
( )
- 암송 (recitation)을 해본다.
( )
- 시험모둠과 같이 준비해 본다.
( )
- 시험 자체에 집중한다. 시험불안이 적은 학생들은 시험 그 자체만을 생각하나 시험불안을 갖고 있는 학생들은 시험에 대한 느낌에 민감하다. 시험에 대한 느낌이 아닌 시험 그 자체에 집중하도록 노력한다.
( )
- 긍정적인 생각을 말해본다. "나는 잘 할 수 있어. 주어진 시간 동안 계속 풀어보자. 그러면 답을 찾을 수 있을 거야"라고 다짐해 본다.
( )
- 시험을 준비하는 새로운 방법을 배운다. 자신의 공부방법이 부적합하다고 판단되면 새로운 시험준비 방법을 배워본다. 교재읽기, 글쓰기, 학습기법에 관한 자료를 살펴본다.
( )
- 자신에게 맞는 목표를 정한다.
( )
- 계획하여 시험을 충분히 준비한다. 적절한 자료를 읽고, 여러 주 동안 조직적으로 복습해 나간다.
( )

제10장 리포트 작성

활동지 10-1. 리포트 작성하기

학습목표	리포트 작성방법을 익힙니다.
나는 누구인가?	학과 ( ) 학번 ( ) 이름 ( )

※ 다음은 리포트 작성과정에서 본인이 효과적이라고 여기는 실천 방법을 기록하는 부분입니다. 담당교수님과 다른 학생들에게 소개해줄 내용을 기록해보세요.

1. 리포트 자료 수집하기
2. 리포트 작성하기.
3. 리포트 수정하기.

<리포트 자료 수집>

항 목	내 용	비 고
자료 찾는 장소	1.	
	2.	
	3.	
자료의 종류	1.	
	2.	
	3.	
자료 분류방법	1.	
	2.	
	3.	
자료 보관방법	1.	
	2.	
	3.	

제10장 리포트 작성

활동지 10-1. 리포트 작성하기

<리포트 작성>

항목	들어가야 할 내용	비고
서론	1. 2. 3.	
본론	1. 2. 3.	
결론	1. 2. 3.	

<리포트 수정>

항목	검토할 내용	비고
수정 요소	1. 2. 3.	
수정 방법	1. 2. 3.	

제10장 리포트 작성

활동지 10-2. 좋은 리포트 작성 방법

학습목표	리포트 작성 시 유의해야 할 점을 검토해 봅니다.
나는 누구인가?	학과 (　　　　　　) 학번 (　　　　　　) 이름 (　　　　　　)

※ 리포트 작성 시 어떤 점을 유의해야 하는지 생각해 보고 스스로 검토해 봅니다.

<나는 어떻게 리포트를 작성하는가?>

평가내용	예/아니오	향후 계획
글쓰기 과정에 관한 수업을 들었다.		
글을 써내려가기 전에 글에 대한 계획하기 단계에 많은 시간과 노력을 들인다.		
일단 쓰기 시작하다보면 좋은 생각이 떠오르기 때문에 계획하기 단계에 오래 머무르지 않는다.		
주제에 관련한 자료를 풍부히 수집하고, 체계적으로 정리해 둔다.		
자료는 인터넷 검색사이트에서만 거의 수집한다.		
도서관에서 자료를 검색하고 필요한 경우에는 기관을 방문하여 자료를 수집하기도 한다.		
인터넷 사이트에서 리포트를 다운받아 낸 적도 있다.		
서론, 본론, 결론으로 나누어 쓴다.		
주석과 참고문헌은 생략한다.		
참고문헌 쓰는 방식을 안다.		
주석은 어떤 경우에 다는 것인지 모른다.		
리포트 표지는 없어도 된다고 생각한다.		
리포트를 최소한 다섯 번 정도 꼼꼼히 읽고 수정한다.		
리포트를 수정한 적이 없다.		
리포트를 쓰면서 생각이 정리된다.		

제11장 발표 기법

활동지 11-1. 본인의 실천방법

학습목표	발표 기법에 대하여 자신의 실천 방법을 찾아봅니다.
나는 누구인가?	학과 (　　　　　　) 학번 (　　　　　　) 이름 (　　　　　　)

※ 다음은 대학에서의 학습을 스스로 체계적으로 관리할 수 있도록, 발표기법에 대하여 자신의 성공적인 실천 방법을 기록하는 부분입니다. 담당교수님과 다른 학생들에게 소개해줄 내용을 기록해보세요.

1. 발표 준비하기
   1)
   2)
   3)
   4)
   5)

2. 발표하기
   1)
   2)
   3)
   4)
   5)

3. 발표 기법 개발
   1)
   2)
   3)
   4)
   5)

제11장 발표 기법

활동지 11-2. 발표 점검

학습목표	자신의 발표 행동을 확인해 봅니다.
나는 누구인가?	학과 ( ) 학번 ( ) 이름 ( )

※ 다음은 자신의 발표 행동을 확인해보는 코너입니다. 본인의 점수를 확인해보세요.

1. 발표 시 점검사항

<보기> ① = 매우 그렇지 않다 ③ = 보통이다 ⑤ = 매우 그렇다

영역	내 용					
발표자세	외모가 단정하다.	①	②	③	④	⑤
발표내용	내용이 타당하고 정확하다.	①	②	③	④	⑤
	발표 주제에 대해 전반적으로 이해하도록 설명한다.	①	②	③	④	⑤
	내용을 많이 준비했고, 발표하는 내용보다 더 많이 알고 있는 것 같다.	①	②	③	④	⑤
논제의 목 표	핵심적인 주제가 뚜렷하게 나타난다.	①	②	③	④	⑤
	강조하는 내용이 분명하다.	①	②	③	④	⑤
	전체적으로 발표의 흐름이 원활하다.	①	②	③	④	⑤
	준비한 모든 내용이 논제와 관련성이 있다.	①	②	③	④	⑤
구조	하나의 논증과 주된 구조가 있다.	①	②	③	④	⑤
	이해하기 쉽도록 하기 위해 통합적이고 단일한 구조로 되어 있다.	①	②	③	④	⑤
	내용을 뒷받침하는 예시를 사용한다.	①	②	③	④	⑤
	제시된 예시는 구체적이고 타당하다.	①	②	③	④	⑤
도입	청중의 주의를 집중시키고 시작한다.	①	②	③	④	⑤
	발표 주제가 어떤 내용인지 도입 부분에서 설명할 것이다.	①	②	③	④	⑤
	발표 내용을 청중의 입장과 연관되도록 준비하였다.	①	②	③	④	⑤
결론	발표 내용들이 모두 연관성을 이루고 있다.	①	②	③	④	⑤
	하나의 단일한 핵심으로 귀결된다.	①	②	③	④	⑤
	앞선 논제의 목표와 연결이 된다.	①	②	③	④	⑤
	다음에 이어질 내용에 대해 미리 말해준다.	①	②	③	④	⑤
보조도구	내용을 쉽고 분명하게 볼 수 있고, 이해할 수 있는 도구를 사용한다.	①	②	③	④	⑤
	발표 보조도구는 주제를 분명하게 뒷받침해 주거나 강조해 준다.	①	②	③	④	⑤
	통일된 주제로 조화를 이룬 시각적 자료가 있다.	①	②	③	④	⑤
	보조도구의 내용은 이해하고 기억하기 쉽게 작성되었다.	①	②	③	④	⑤

* 상 (90점 이상): 우수한 발표자
* 중 (75-89점): 평균적 발표자
* 하 (23-74점): 분발하세요.

제11장 발표 기법

활동지 11-2. 발표 점검

1. 발표 후 점검사항

<보기> ① = 매우 그렇지 않다 ③ = 보통이다 ⑤ = 매우 그렇다

영역	내 용					
발표자 자세	성실하고 열심히 발표하였다.	①	②	③	④	⑤
	확신을 가지고 발표하였다.	①	②	③	④	⑤
	진실되게 말하였다.	①	②	③	④	⑤
	자기 중심적이지 않았다.	①	②	③	④	⑤
	무대 공포증이 없었다.	①	②	③	④	⑤
청중 고려하기	청중들의 이해 정도를 파악하며 진행했다.	①	②	③	④	⑤
	청중의 관점에서 설명하였다.	①	②	③	④	⑤
	청중들이 이해하기 쉬운 언어를 사용하였다.	①	②	③	④	⑤
	발표 중 청중들과 의사소통을 하면서 진행했다.	①	②	③	④	⑤
전달	어투, 표현법, 발음이 적절하였다.	①	②	③	④	⑤
	발표하는 동안 안정되고 편안한 자세를 유지하였다.	①	②	③	④	⑤
	음성의 크기가 적절하고 명확하며, 음성의 변화가 적절하고 편안하였다.	①	②	③	④	⑤
	지루해 하지 않도록, 적절한 움직임과 동작을 사용하였다.	①	②	③	④	⑤
	발표하는 동안 청중을 주시하였다.	①	②	③	④	⑤

* 상 (50점 이상): 우수한 발표자
* 중 (35-49점): 평균적 발표자
* 하 (14-34점): 분발하세요.

제12장 학습 모둠활동

활동지 12-1. 모둠 조직 및 운영

학습목표	모둠을 조직하고 운영계획을 수립해 봅니다.
나는 누구인가?	학과 (　　　　　　) 학번 (　　　　　　) 이름 (　　　　　　)

※ 다음 활동은 모둠을 조직하고 운영계획을 짜는 연습입니다. 어떻게 역할을 분담하고 공동의 계획을 수립할 수 있는지 경험하는 기회가 될 것입니다.

1. 모둠 조직하기 : 친한 친구끼리, 또는 교수님의 지도하에 모둠 조직하기
2. 각자 역할 정하기 : 모둠의 리더, 서기, 일반 모둠원
3. 모둠의 운영규칙 정하기

<모둠 조직하기>

모둠	모둠 제목	모둠 리더와 서기	일반 모둠원

<모둠의 운영>

항목	내용	비고
모둠의 목표		
모둠 내 역할		
모둠의 운영규칙		
모둠의 진행계획		

제12장 학습 모둠활동

활동지 12-2. 개별 작업 진행

학습목표	모둠에서 각자 맡은 일을 수행합니다.
나는 누구인가?	학과 ( ) 학번 ( ) 이름 ( )

※ 다음 약 10분 간, 모둠 내에서 본인이 담당한 부분을 개별적으로 수행해봅니다. 전체적인 공동작업 속에서 자신의 업무를 배치하는 연습이 될 것입니다.

1. 계획하기: 모둠의 소주제 분담, 조사 시기, 대상, 일정 계획하기
2. 수행하기: 과제 수행
3. 보고서 쓰기.

<계획하고 수행하기>

과제	소주제	담당자	조사방법과 대상

<보고서 쓰기>

담당자	
모둠 내 역할	
소주제	

제12장 학습 모둠활동

활동지 12-3. 모둠 활동 보고

학습목표	모둠활동의 최종 결과에 대하여 보고하고 서로 평가해 봅니다.
나는 누구인가?	학과 ( ) 학번 ( ) 이름 ( )

※ 다음 활동은 모둠을 조직하고 운영계획을 짜는 연습입니다. 어떻게 역할을 분담하고 공동의 계획을 수립할 수 있는지 경험하는 기회가 될 것입니다.

<모둠 내의 평가>

평가내용	예/ 아니오	이유
구성원을 서로 신뢰할 수 있다.		
모든 구성원이 맡은 것에 책임을 다 했다.		
서로 존중하는 분위기였다.		
토론이나 의견 제시에 모든 사람이 적극적으로 참여했다.		
구성원들이 솔직하고 자연스럽게 자신의 생각을 표현했다.		
공동의 학습목표에 다 동의하였다.		
주제에서 벗어나지 않았다.		
자신의 생각만을 고집하지 않고 서로의 생각을 경청하고 수용했다.		
부담없이 비판적인 생각이나 이견을 제시할 수 있었다.		
과제의 결론에 다 동의하였다.		

제12장 학습 모둠활동

활동지 12-3. 모둠 활동 보고

<모둠 간의 평가>

평가 내용	모둠 A		모둠 B		모둠 C		모둠 D	
	O	X	O	X	O	X	O	X
발표 자세가 좋았다.								
발표 내용은 구체적이었다.								
발표 내용이 재미있었다.								
모둠 운영이 효율적인 것 같다.								
모둠 운영 규칙이 효과적인 것 같다.								
모둠의 분위기가 상호 협조적인 것 같다.								
모둠 구성원이 다 적극적으로 참여한 것 같다.								

제13장 사랑

활동지 13-1. 사랑에 대한 바른 신념 갖기

학습목표	여러 형태의 사랑 속에서 사랑의 속성을 이해합니다.
나는 누구인가?	학과 (　　　　　　) 학번 (　　　　　　) 이름 (　　　　　　)

※ 학생들은 대학에만 들어오면 자연스럽게 이성 교제가 이루어질 것이라고 생각한다. 그리고 그에 대한 많은 기대를 가지고 있다. 사랑은 자연스럽게 찾아오는 것이며 운명적인 것이라고 믿기 때문에, 더 이상 배우려고도 하지 않는다. 사랑에 대해 알지 못하기 때문에 사람들은 자신의 사랑을 의심하고, 불만스러워 한다. 사랑에 대한 바른 신념은 성숙하고 아름다운 사랑을 가꿔가기 위한 필수 요소이다. 이것이 사랑에 대해 공부하고 사랑의 속성에 대한 더 많은 이해가 필요한 이유이다.

1. 드라마, 영화, 문학 속에서 나타난 인상적인 사랑의 장면을 찾아봅시다.
   예) 소설 "왜 나는 너를 사랑하는가"/ 알랭 드 보통 /11장 9번
   "사랑은 사랑하는 사람의 본질적인 평범함을 인정하지 않음으로써 그 광기를 드러낸다."

2. 내가 경험한 감동적인 사랑의 순간을 적어봅시다.

3. 위의 사례들을 중심으로, 모둠원끼리의 토론을 통해, 사랑의 기본 구성요소를 5개씩 찾아봅시다.

제13장 사랑

활동지 13-2. 나의 사랑은 어떤 모양일까?

학습목표	나의 사랑의 모양을 찾아봅니다.
나는 누구인가?	학과 (　　　　　　　) 학번 (　　　　　　　) 이름 (　　　　　　　)

※ 아래의 문장들은 현재 당신이 사귀고 있는(혹은 사귀었던, 사귀고 싶은) 이성 친구에 대한 당신의 심리상태를 기술한 것입니다. **은 이성 친구의 이름을 뜻합니다. 각 문장을 읽고 **에 대한 당신의 상태를 잘 나타내는 정도라고 생각되는 적절한 숫자를 써 주십시오.

전혀 아니다		약간 그렇다		웬만큼 그렇다		상당히 그렇다		매우 그렇다
1	2	3	4	5	6	7	8	9

1. 나는 **의 행복을 위해서 적극적으로 지원한다.
2. 나는 **와 따뜻한 관계를 맺고 있다.
3. 나는 힘들 때 **에게 의지할 수 있다.
4. **은 힘들 때 나에게 의지할 수 있다.
5. 나는 **와 나의 모든 것을 공유할 수 있다.
6. 나는 **로부터 상당한 정서적 지지를 받고 있다.
7. 나는 **에게 상당한 정서적 지지를 주고 있다.
8. 나는 **와 말이 잘 통한다.
9. 나는 내 인생에서 **를 매우 중요시한다.
10. 나는 **와 친밀감을 느낀다.
11. 나는 **와 편안한 관계를 느끼고 있다.
12. 나는 **를 정말 이해하고 있다고 느낀다.
13. 나는 **가 나를 정말 이해하고 있다고 느낀다.
14. 나는 내가 **를 정말 신뢰한다고 느낀다.
15. 나에 관한 매우 개인적인 정보를 **와 공유하고 있다.
16. **를 보기만 해도 나는 흥분된다.
17. 나는 낮에도 **에 대해서 생각하는 나 자신을 자주 발견한다.
18. **와 나의 관계는 정말 낭만적이다.
19. 나는 **가 매우 매력적이라고 느낀다.
20. 나는 **를 이상화하고 있다.
21. 나는 **처럼 나를 행복하게 만들 수 있는 사람을 상상할 수 없다.
22. 나는 다른 어떤 사람보다도 **와 함께 있고 싶다.
23. **와의 관계보다 더 중요한 것은 이 세상에 없다.

제13장 사랑

활동지 13-2. 나의 사랑은 어떤 모양일까?

24. 나는 **와 신체적으로 접촉하는 것을 특히 좋아한다.
25. **와의 관계에는 '마술적'인 점이 있다.
26. 나는 **를 찬미한다.
27. 나는 **없는 인생을 생각할 수 없다.
28. **와 나의 관계는 열정적이다.
29. 낭만적인 영화나 책을 볼 때면 **를 생각하게 된다.
30. 나는 **에 대해서 공상을 하곤 한다.
31. 내가 **에 대해서 염려하고 있다는 것을 알고 있다.
32. 나는 **와의 관계를 지속시키기 위해서 최선을 다하고 있다.
33. 다른 사람이 우리 사이에 끼어들지 않도록 나는 **에 대해서 헌신할 것이다.
34. 나는 **와의 관계가 흔들리지 않을 것이라는 점에 대해 자신감을 갖고 있다.
35. 나는 어떤 난관에도 불구하고 **에게 헌신할 것이다.
36. **에 대한 나의 사랑은 남은 인생 동안 계속되리라고 예상한다.
37. 나는 **를 위해서 항상 강한 책임감을 느낄 것이다.
38. **에 대한 나의 사랑을 확신한다.
39. 나는 **와의 관계가 끝나는 것을 상상할 수 없다.
40. 나는 **에 대한 나의 사랑을 확신한다.
41. 나는 **와 관계가 영원히 지속될 것이라고 생각한다.
42. 나는 **와 사귀는 것을 잘한 결정이라고 생각한다.
43. 나는 **에 대한 책임의식을 느낀다.
44. 나는 **와의 관계를 계속 유지할 작정이다.
45. 설혹 **와 갈등이 생긴다 해도, 나는 여전히 우리 관계를 유지할 것이다.

- 계산방법: 1번~15번의 점수를 합하여 '친밀감' 점수를 구합니다. 16번~30번 점수를 합하면 '열정' 점수가 나옵니다. 31번~45번의 점수는 '투신' 점수입니다. 나온 숫붮의 삼각형을 그려봅니다. 이렇게 그려진 삼각형이 바의 당신의 사랑 형태입니다. 어떤 모양을 하고 있습니까? 어떤 구성요소가 가장 크고, 어떤 것이 가장 작은가요? 이것은 어떤 의미입니까? 당신의 이성 친구도 이 척도에 응답을 했다면, 어떤 모양입니까? 당신의 사랑 삼각형과 비교하여 어떤 차이가 있습니까? 이러한 차이가 이성관계의 갈등을 초래하고 있다면, 서의 어떤 노력을 해야 할까요? 서의 상대방에게 원는 '삼각형의 모습은 어떤 것입니까? 그러한 삼각형은 과연 바람직하고 실현 가능한 것입니까? 이러한 물음들을 생각하면서 사랑의 관계를 이해하고 개선하는 계기가 되기를 바랍니다.

제13장 사랑

활동지 13-2. 나의 사랑은 어떤 모양일까?

(*시간이 흐름에 따라 사랑의 세 가지 요소들은 어떻게 변화할까요? 그래프를 그려보세요.)

제14장 군대

활동지 14-1. 군대 생활의 의미

학습목표	군대 생활의 의미와 군대에서 하고 싶을 일을 생각해 봅니다.
나는 누구인가?	학과 (　　　　　　　) 학번 (　　　　　　　) 이름 (　　　　　　)

※ 군대 생활은 나에게 어떤 의미가 있을까요? 군대에서 하고 싶은 일을 우선순위대로 적어 봅시다.

1. 군대 생활은 나에게 어떤 의미가 있을까요? 의미를 찾아봅시다.
   1) ____________________
   2) ____________________
   3) ____________________
   4) ____________________
   5) ____________________
   6) ____________________
   7) ____________________

2. 군대에서 하고 싶은 일을 우선순위를 매겨 적어봅시다.
   1) ____________________
   2) ____________________
   3) ____________________
   4) ____________________
   5) ____________________
   6) ____________________
   7) ____________________

제14장 군대

활동지 14-2. 지금 해야 할 일

학습목표	의미 있는 군대 생활을 위하여 무엇을 준비해야 할지 생각해 봅니다.
나는 누구인가?	학과 (　　　　　) 학번 (　　　　　) 이름 (　　　　　)

※ 의미 있는 군대 생활이 되도록 하기 위하여 지금 무엇을 준비해야 할까요?

예) 꾸준히 운동하기, 학점 관리하기

항목	장점	애로사항 및 해결책

제15장 축제

활동지 15-1. 대학축제 문화의 변천

학습목표	대학축제 문화의 변천을 알아봅니다.
나는 누구인가?	학과 ( ) 학번 ( ) 이름 ( )

※ 대학 축제는 어떤 모습이어야 할까요? 대학 축제 문화의 시작과 시대의 흐름에 따른 대학 축제 문화의 변화 양상을 통시적으로 접근해 봅니다.

1. 50-60년대 → '축전'의 시기

2. 70년대 → '낭만과 전통계승'의 혼재 시기

3. 80년대 → '시위와 투쟁'의 시기

4. 90년대 → '대동제' 공동체의식과 다양성의 충돌시기

5. 2000년대~현재

제15장 축제

활동지 15-2. 대학축제 의미와 외국의 예

학습목표	대학축제의 전반적인 의미를 살펴봅니다.
나는 누구인가?	학과 ( ) 학번 ( ) 이름 ( )

※ 대학 축제는 어떤 모습이어야 할까요?

- 어느 학생이 참여했던 대학 축제에 대한 경험담을 읽어보고, 각자 자신이 참여한 대학축제 개인적 경험을 자세히 기술해 봅니다. 축제의 여러 가지 행사를 중심으로 그 행사가 대학 축제에서 갖는 의미를 파악해봅니다. 개인적 경험을 바탕으로 논의의 범위를 확대시켜 '대학 축제의 전반적인 의미'에 대해서 고찰해 봅니다.

- 다른 나라의 예를 살펴봅니다.

1. 대학 축제에 대한 내 경험
   (축제의 여러 가지 행사를 중심으로 그 행사가 대학 축제에서 갖는 의미 파악)

2. 자신이 느낀 '대학 축제의 전반적인 의미'에 대한 고찰

3. 세계 각국 대학들의 축제 문화

제15장 축제

활동지 15-3. 내가 바라는 대학축제

학습목표	내가 바라는 대학축제의 모습을 생각해 봅니다.
나는 누구인가?	학과 ( ) 학번 ( ) 이름 ( )

※ 대학 축제는 어떤 모습이어야 할까요? 내가 대학축제를 기획한다면 어떤 프로그램을 준비할 수 있을까요?

1. 부모님께 들은 부모님 시절의 축제 모습을 기술해 봅시다.
   (지난주 과제 : 과거 축제에 관한 부모님과의 인터뷰)

2. 70년대, 80년대, 90년대 축제와 현재 우리 학교 축제 모습을 비교해 봅시다.
   (준비된 과거, 현재 축제 기록 동영상을 함께 보고, 비교점을 기술한 후 그룹별 토의)

3. 어떤 내용과 방식의 축제가 되면 좋을까요? 기획자가 되어 축제 프로그램을 기획해 봅시다.
   (가상의 예산으로 기획해 봅시다.)

제16장 배려

활동지 16-1. 나의 배려하는 마음은?

학습목표	일상생활 속에 숨어있는 배려를 찾아봅니다.
나는 누구인가?	학과 (　　　　　　) 학번 (　　　　　　) 이름 (　　　　　　)

※ 일상생활 속에 배려를 나타내는 작은 말들이 무엇이 있을까요?

1. 내가 가장 많이하는 짧은 배려의 말들은 어떤 것이 있을까요. 5가지 칭찬의 말을 찾아봅시다.
   1) ______________________________
   2) ______________________________
   3) ______________________________
   4) ______________________________
   5) ______________________________

2. 내가 가장 많이하는 짧은 배려의 말들은 어떤 것이 있을까요. 5가지 감사의 말을 찾아봅시다.
   1) ______________________________
   2) ______________________________
   3) ______________________________
   4) ______________________________
   5) ______________________________

3. 고마웠던 경험 5가지를 생각해 봅시다. (작은 고마움의 경험을 표현할 수 있도록 해 봅시다)
   1) ______________________________
   2) ______________________________
   3) ______________________________
   4) ______________________________
   5) ______________________________

제16장 배려

활동지 16-2. 문학 속의 배려

학습목표	마음에서 우러나오는 진실한 배려를 생각해 봅니다.
나는 누구인가?	학과 (　　　　　　　) 학번 (　　　　　　　) 이름 (　　　　　　)

※ 머리가 아닌 마음에서 우러나오는 진실한 배려을 생각해 봅시다.
자신이 선택한 배려에 관한 책 혹은 다음 책 중 하나를 선택하여 느낀 점을 기술해 봅시다.

- **배려-마음을 움직이는 힘(한상복, 위즈덤하우스)**
- **가장 세련된 삶의 시작 배려의 기술(지동직, 북스토리)**
- **왜 사랑에 빠지면 착해지는가(토르 뇌레트라네르스, 웅진지식하우스)**

제16장 배려

활동지 16-3. 캠퍼스 속의 배려

학습목표	학교 생활에서의 배려를 생각해 봅니다.
나는 누구인가?	학과 ( ) 학번 ( ) 이름 ( )

1. 캠퍼스에서 나는 어떤 배려를 받고 있다고 생각합니까? 구체적인 사례를 찾아봅시다.
   (예: 책 반납일이 되면 문자가 옵니다. 청소 아주머니께서 쾌적한 환경을 유지 시켜주십니다.)
   1) ______________________________
   2) ______________________________
   3) ______________________________
   4) ______________________________
   5) ______________________________

2. 캠퍼스에서 우리 학교를 위해 나는 어떤 배려를 할 수 있습니까? (예: "고맙습니다. 청소 아주머니!", 강의실을 깨끗이 사용하겠습니다. 칠판을 미리미리 지워두겠습니다.)
   1) ______________________________
   2) ______________________________
   3) ______________________________
   4) ______________________________
   5) ______________________________

3. [모둠별 토론] 캠퍼스 속의 배려행동을 함께 토론하고 정리해 봅시다.

제17장 전공별 진로 탐색

활동지 17-1. 노동시장 현황과 나의 전략

학습목표	노동시장 현황을 파악하고 나의 전략은 무엇인지 생각해 본다.
나는 누구인가?	학과 ( ) 학번 ( ) 이름 ( )

※ 다음 활동에서는 노동시장 현황에 대응하여 내가 어떤 직업적 전망을 모색해야 하는지 숙고해 봅니다.

1. 노동시장의 특징 정리: 현재의 노동시장은 어떤 특성을 지니고 있는지 이해하기
2. 나의 전략 생각하기: 나의 전략은 무엇인가?

<노동시장의 특징>

번호	특 징	내 용
1		
2		
3		

제17장 전공별 진로 탐색

활동지 17-1. 노동시장 현황과 나의 전략

<나의 전략>

항목	내 용	준비해야 할 것
나의 전략 1		
나의 전략 2		
나의 전략 3		

제17장 전공별 진로 탐색

활동지 17-2. 전공별 진로와 나의 선택

학습목표	전공별 진로에 대한 정보를 듣고 자신의 진로를 모색한다.
나는 누구인가?	학과 ( ) 학번 ( ) 이름 ( )

※ 다음 활동에서는 다양한 진로의 장단점을 생각해 보고 본인에게 가장 적합한 진로가 무엇인지 숙고해봅니다.

1. 다양한 진로의 장단점 고려하기: 개별 진로는 어떤 장단점을 갖고 있는지 생각해본다.
2. 나의 진로 선택하기: 나에게 가장 적합한 길은 무엇인지 생각해본다.

<다양한 진로의 장단점>

진 로	장점과 단점		만약에 선택한다면 어디로?
	장 점	단 점	
대학원진학			
공기업취업			
공무원시험			
사기업취업			
창업			

제17장 전공별 진로 탐색

활동지 17-2. 전공별 진로와 나의 선택

<나의 선택>

항목	진로	선택의 이유
나의 희망		
나의 차선책		

제18장 희망 진로 계획

활동지 18-1. 내가 선호하는 직업

학습목표	선호하는 직업이 무엇인지 생각해 본다.
나는 누구인가?	학과 ( ) 학번 ( ) 이름 ( )

※ 다음 활동에서는 어떤 직업이 존재하며 자신의 성향과 희망을 고려할 때 어떤 직업이 가장 적합한지 숙고해 봅니다.

1. 직업이란 무엇을 의미하는가?: 직업이 나에게 의미하는 것이 무엇인가?
2. 나의 직업적 선호: 내가 선호하는 직업은 무엇인가?

<직업은 나에게 무엇을 의미하는가?>

항 목	순 위	이 유
경제적 독립		
자아실현		
사회생활		
부모의 기대		
다 일을 하니까		
아무 의미가 없다		

제18장 희망 진로 계획

활동지 18-1. 내가 선호하는 직업

<직업의 우선순위>

순위	직업	선호의 이유
1순위		
2순위		
3순위		

제18장 희망 진로 계획

활동지 18-2. 능력개발을 위해 나는 무엇을 할 것인가?

학습목표	능력개발을 위한 계획
나는 누구인가?	학과 ( ) 학번 ( ) 이름 ( )

※ 다음 활동에서는 성공적인 취업을 위하여 어떤 능력이 요구되는지 생각해 보고 구체적인 계획을 세워본다.

1. 자격증 취득하기: 어떻게 언제 어떤 자격증을 취득할지 계획한다.
2. 외국어능력: 외국어능력 관련 자격증 취득계획을 세워본다.
3. 인턴십: 어디서 어떤 인턴십을 할지 계획해 본다.

<자격증 취득계획>

자 격 명	1.	2.	3.
취득목적			
시험일정			
목표 급수			
취득 급수			

<외국어능력 발전지표>

구분	TEST	시행일자	취득점수	목표점수	평가
영어					
영어					

제18장 희망 진로 계획

활동지 18-2. 능력개발을 위해 나는 무엇을 할 것인가?

<관심 인턴십>

인턴기업명	관심업무	접수기간	지원 방법	인턴십 기간

성공적인 대학생활

인쇄일 2010년 3월 8일
발행일 2010년 3월 12일

저 자 윤형렬 · 김홍석 · 김종서 · 김정현
박근수 · 유진숙 · 최임숙 공 저

발행인 정 순 훈
발행처 배재대학교 출판지원실
㊥ 302-735 대전광역시 서구 연자1길 14 (도마2동 439-6)
TEL. (042)520-5657 / http://www.pcu.ac.kr/~press
인쇄처 대운인쇄
TEL. (042)520-5475 / FAX. (042)524-5835

ISBN 978-89-6332-016-8 정가 ₩ 8,000원